炒股赚翻天系列

U0558945

10步秒杀
黑马股

翻两倍是基础，翻三倍是常态，翻四倍是小试牛刀
超级黑马 10步秒杀
让股市变成你的超级提款机！

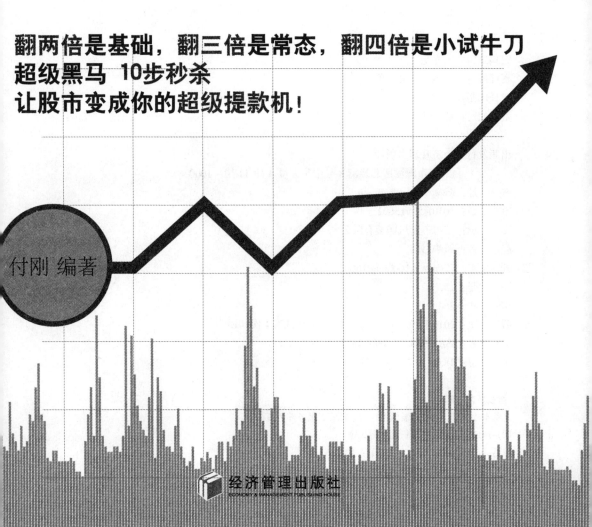

付刚 编著

经济管理出版社
ECONOMY & MANAGEMENT PUBLISHING HOUSE

图书在版编目（CIP）数据

10步秒杀黑马股/付刚编著. —北京：经济管理出版社，2015.9

ISBN 978-7-5096-3892-7

Ⅰ.①10… Ⅱ.①付… Ⅲ.①股票投资—基本知识 Ⅳ.①F830.91

中国版本图书馆 CIP 数据核字（2015）第 175004 号

组稿编辑：王光艳
责任编辑：王光艳　吴　蕾
责任印制：黄章平
责任校对：超　凡

出版发行：经济管理出版社
　　　　　（北京市海淀区北蜂窝 8 号中雅大厦 A 座 11 层　100038）
网　　址：www. E-mp. com. cn
电　　话：（010）51915602
印　　刷：三河市延风印装有限公司
经　　销：新华书店
开　　本：720mm × 1000mm/16
印　　张：15.75
字　　数：264 千字
版　　次：2015 年 9 月第 1 版　　2015 年 9 月第 1 次印刷
书　　号：ISBN 978-7-5096-3892-7
定　　价：48.00 元

·版权所有　翻印必究·

凡购本社图书，如有印装错误，由本社读者服务部负责调换。

联系地址：北京阜外月坛北小街 2 号

电　话：（010）68022974　　　邮编：100836

前 言

打开股票交易软件的涨幅排序界面，以一年为单位，按涨幅排序，一大批我们熟悉或不熟悉，其中绝大多数为不熟悉名字的股票映入眼帘，最具视觉冲击力的是其惊人的涨幅，暴风科技涨 3161.51%、龙生股份涨 1492.93%、兰石重装涨 1480.34%、中文在线涨 1149.07%、同花顺涨 1140.84%……这意味着，如果买中了暴风科技，即使只投入了 10 万元，只需要短短的一年时间，10 万元就惊变316 万元！而实际上，暴风科技 2015 年 3 月 24 日才上市，实现从 10 万元到 300万元的跃升只需要 100 天！有人将这些股票称为"妖股"，将此类股井喷的创业板块称为"神创"。其实并不尽然，这类暴增股涵盖了从主板到中小板、创业板、新三板的所有的板块，君不见即使作为权重股的大型国企也有中国一重涨534.03%、中国中铁涨 465.70%、中国交建涨 421.07%、中远航运涨 450.68%、东方航空涨 435.65%……

这些都是什么股？这些股有什么特别之处吗？惊人涨幅背后的秘密何在？

这类股被称为黑马股，它们以其出其不意的涨势，惊人的涨幅惊艳于牛市。谁买中了黑马，无异于中了大奖，打开了超级提款机。股价翻两倍以上是基础，翻四倍以上也未尝不可。在一般的行情中，买中黑马股可遇不可求，但在牛市，就一切皆有可能了。

有数据显示，截止到 2015 年 6 月 15 日，涨幅达 10 倍以上的个股 10 只，4倍以上的 143 只，3 倍以上的 283 只，2 倍以上的 748 只，下图为截止到 2015 年6 月 15 日部分涨幅达 7 倍以上的个股名录，在这些股中，不乏黑马股的身影。

既然这些股票拥有和普通股票一样的代码和交易机会，就不会"此股只应天上有"，只要是股票，只要上市交易，即使庄家隐藏得再好，也必然在盘面上留下特征。另外，即使从概率的角度来看，在 2800 多只股票中，即使不进行技术

	代码	名称	涨跌幅度↓	前收盘	最高	最低	收盘	振荡幅度	成交量	总金额	市场比%	换手率%	5日量变%
1	300431	暴风科技	298.13 3161.51%	9.43	327.01	11.31	307.56	315.70 2791.33%	1.57亿	353.7亿	0.05	522.61	174766.83
2	603169	兰石重装	26.60 2273.50%	1.17	35.19	1.57	27.77	33.62 2141.40%	34.64亿	818.3亿	0.09	2165.19	38343.39
3	300364	中文在线	144.41 1785.04%	8.09	197.92	10.71	152.50	187.21 1747.99%	4.77亿	438.6亿	0.06	1589.91	65998.66
4	300399	京天利	256.72 1765.61%	14.54	314.06	17.72	271.26	296.34 1672.35%	3.79亿	367.0亿	0.05	1893.64	30865.84
5	603019	中科曙光	103.30 1370.03%	7.54	169.91	8.30	110.84	161.61 1947.11%	8.90亿	628.0亿	0.07	1187.24	32099.07
6	300446	乐凯新材	132.43 1246.99%	10.62	202.07	14.01	143.05	188.06 1342.33%	3937万	67.7亿	0.01	255.65	171619.25
7	002625	龙生股份	83.29 1243.13%	6.70	120.00	6.43	89.99	113.57 1766.25%	8.54亿	449.5亿	0.06	468.21	107.66
8	600862	南通科技	35.49 1171.29%	3.03	43.00	3.33	38.52	39.67 1191.29%	38.65亿	616.7亿	0.05	605.79	267.65
9	002751	易尚展示	147.98 1069.22%	13.84	217.88	16.60	161.82	201.28 1212.53%	6371万	107.1亿	0.01	362.82	56637.13
10	601016	节能风电	26.62 1043.92%	2.55	33.05	3.38	29.17	29.67 877.81%	34.71亿	466.3亿	0.05	1952.57	7433.65
11	002747	埃斯顿	78.30 971.46%	8.06	129.72	10.67	86.36	119.05 1115.75%	2.51亿	217.5亿	0.03	837.15	49350.35
12	300447	全信股份	157.31 923.18%	17.04	208.99	20.45	174.35	188.54 921.96%	2838万	50.7亿	0.01	140.16	111020.84
13	300451	创业软件	147.59 877.47%	16.82	164.41	22.21	164.41	142.20 640.25%	357826	4367万		2.10	2752.84
14	000626	如意集团	87.21 872.10%	10.00	135.45	9.50	97.21	125.95 1325.79%	9.27亿	301.4亿	0.04	458.18	62.51
15	603601	再升科技	35.86 849.76%	4.22	57.20	5.60	40.08	51.60 921.43%	2.97亿	138.0亿		793.01	51747.72
16	300400	劲拓股份	51.48 793.22%	6.49	86.80	7.95	57.97	78.85 991.82%	3.74亿	167.6亿	0.05	1247.29	33414.50
17	002739	万达院线	216.95 776.49%	27.94	248.66	33.81	244.89	214.85 635.46%	4.65亿	515.9亿	0.07	774.59	44365.18
18	600571	信雅达	149.22 755.54%	19.75	210.94	21.73	168.97	189.21 870.73%	8.36亿	557.2亿	0.06	413.12	243.98
19	300422	博世科	89.70 747.50%	12.00	155.00	15.84	101.70	139.16 878.54%	1.70亿	137.0亿	0.02	1096.08	55832.85
20	300350	华鹏飞	146.80 745.18%	19.70	191.00	21.67	166.50	169.33 781.40%	1.69亿	112.8亿	0.02	699.08	26.15
21	002044	江苏三友	52.47 726.73%	7.22	65.00	6.95	59.69	58.05 835.25%	9.66亿	435.4亿	0.02	347.56	37.85
22	300424	航新科技	101.18 721.68%	14.02	200.00	18.50	115.20	181.50 981.08%	8585万	129.9亿	0.02	258.04	92001.10

图　2014 年 6 月 16 日至 2015 年 6 月 15 日

分析，随意选中 3 倍股的概率也在 10.08%，选中 2 倍股的概率 26.65%。也就是说，如果预期不是过高的话，选中 3 倍以上黑马股的概率高于"百里挑十"，所以，抓住黑马股并非没有可能。

但既然是黑马股，必然是"大隐隐于市"，或貌不惊人，或名不见经传。捕捉黑马股如伯乐相马一样，一定是个技术活。

大盘是黑马的竞技场，庄家是黑马的驯养者。既然是黑马，必定有着与普通马不一样的基因，黑马股一般具有价格低，增值空间大；题材好，跨多个潜质题材；基本面优良，成长性好等特征。总而言之，是价值被严重低估的潜质个股。

这与普通个股的选股方法似乎并无不同，庄家只是利用信息和技术的不对称性优势，发现你所不能发现的特质，介入你所不敢介入的时点。至于驯养方法，与普通的个股并无差异，从建仓，到洗盘、拉升，再到出货……一气呵成。

本书针对黑马股的特质，结合国外投资大鳄和国内卓越证券从业人员的常规及非常规的选股方法和技术，帮助股民从宏观到微观，从 K 线分析到形态分析、量价解析，再到板块轮动分析，从政策面到消息面，系统甄别黑马股。

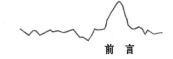

具体包括：利用集合竞价、早盘、盘中以及尾盘信息捕捉黑马股；用分时走势图捕捉黑马股；用艾略特的波浪理论捕捉黑马股；用成交量以及量价分析捕捉黑马股；用短中长等各期均线、均线交叉以及均线黏合捕捉黑马股；用单根K线、双根K线以及三根K线及组合捕捉黑马股；用趋势线、通道线以及扇形线捕捉黑马股；用道氏理论的形态分析捕捉黑马股；用技术指标捕捉黑马股；用政策面、消息面信息及板块轮动规律捕捉黑马股等。

黑马也分大黑马和小黑马，长黑马与短黑马。股民在炒股时应结合自己的选股方式、选股周期，针对每种选股方法所针对长中短线技术特征有选择地使用。

本书内容翔实，通俗易懂，力求使用简单易懂的语言与投资者探讨黑马股的实战价值。在内容的讲述上，由浅入深，帮助投资者熟悉黑马股的特征，并通过讲述不同行情、盘中走势、分时走势、成交量、均线、K线、切线、反转形态、整理形态、技术指标、消息面等，让投资者从多个角度熟悉黑马股的操作技巧，为准确捕捉黑马股奠定了坚实的基础。

本书思路清晰，实战性强。投资者既可系统学习，也可按照自己的需求有选择地进行技术学习。

为了帮助投资者真正掌握黑马股的捕捉策略与技巧，本书在内容讲解的同时，列举了大量取材于近期牛市实战的实景案例，并配有海量的K线图，因贴近股市实际，令投资者更加直观了解黑马股以及实战操作的技巧，因此实践性、实战性和可操作性更强。

通过本书的学习，投资者可在较短的时间内提升技术分析能力，进行有效的操作，获取最大的收益。

本书在编写过程中，借鉴了证券投资专业人士的最新研究成果和前沿证券理论、方法，同时参考了大量具有科学依据的证券投资文献资料，在此，谨向为本书的编撰做出贡献的专家学者致以真诚的感谢。限于编者水平有限，错误和不当之处在所难免，敬请广大读者批评指正。

编 者

2015 年 7 月

目 录

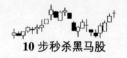

第一步　百战不殆，重在知彼
——识得黑马的庐山真面目

第一节　黑马股概要

一、黑马的起源

黑马一词源于 19 世纪的英国政治家本杰明·迪斯雷利的小说《年轻的公爵》（The Young Duke，1831）。该小说中有一处对赛马比赛的描写，比赛中一匹不起眼的黑马在最后关头赶超了两匹夺冠呼声最高的良种马，此后黑马就用来比喻出人意料的获胜者。

在股市中，黑马股一般指那种在启动之初被人忽略甚至不看好的，但却能脱离低价位区而在短期内大幅上涨的股票。它常常以连拉多个大阳线甚至连拉涨停为特征。由于这些股票可以给投资者在短期内带来丰厚的收益，通常成为短线投资者追逐的对象。如图 1-1 所示。

对于黑马股，不少投资者这样认为，黑马股是股市中的明星股。事实上，这种看法是不准确的。从黑马股的概念可以得知，因为黑马股票不是人人瞩目的明星，也不是涨幅最大的个股，而是投资者本来不看好，却能够异军突起的个股。

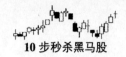

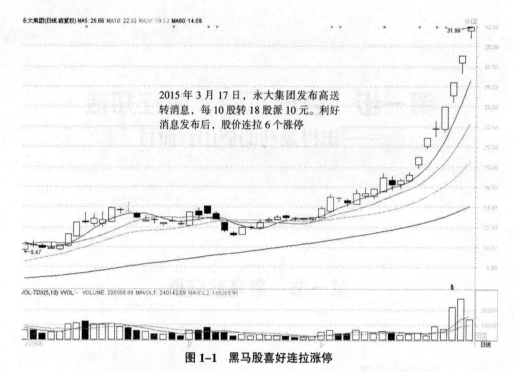

永大集团(日线 前复权) MA5: 26.66 MA10: 22.33 MA20: 18.52 MA60: 14.09

2015 年 3 月 17 日，永大集团发布高送转消息，每 10 股转 18 股派 10 元。利好消息发布后，股价连拉 6 个涨停

VOL-TDX(5,10) VOL: - VOLUME: 206595.88 MAVOL1: 240142.09 MAVOL2: 149266.95

图 1-1　黑马股喜好连拉涨停

二、黑马股形成的原因

一般来讲，黑马股的形成原因主要有以下几点：

1. 重组并购等外生式变化使公司基本面发生了翻天覆地的变化

所谓外生式变化，是指重组兼并、资产注入等产生的外延增长。收购优质资产，通过资产置换偿还历史债务，或通过控股股东的变更获得优质资产的注入，使上市公司业绩得到显著提高；或者通过剥离不良资产，甩掉历史包袱，实现轻装上阵，使公司业绩大幅提升。事实上，重组往往会带给投资者一定的想象空间，而这在无形中也令投资者增强了对上市公司通过重组提升未来业绩的预期。例如，主营聚氨酯的联创节能（300343）以 13.22 亿元收购上海新合 100% 股权，变身化工新材料与互联网营销公司。收购预案公布后，联创节能股票价格连续 8 个涨停，成为化工行业类股票最大的一匹黑马。如图 1-2 所示。联创节能公司表示，受益于本次并购，公司将从单一建筑聚氨酯原料供应商转变为化学原料和化学制品制造业与互联网相关服务业并行的双主业格局。

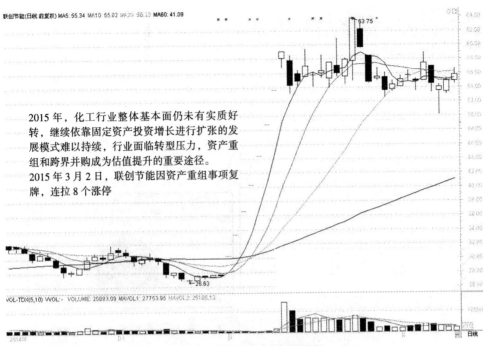

联创节能(日线,前复权) MA5: 55.34 MA10: 55.02 MA20: 56.23 MA60: 41.09

2015 年，化工行业整体基本面仍未有实质好转，继续依靠固定资产投资增长进行扩张的发展模式难以持续，行业面临转型压力，资产重组和跨界并购成为估值提升的重要途径。

2015 年 3 月 2 日，联创节能因资产重组事项复牌，连拉 8 个涨停

图 1-2　资产重组造就的黑马股

2. 市场的一些庄家机构对个股进行的疯狂炒作

庄家集中资金优势和持股优势，选择个股（包括次新股）进行疯狂炒作，主要表现为股价已明显偏高的时候，仍然有大笔买单不断买进，使股价继续一路上扬，远远脱离其投资价值区域，如图 1-3 所示。

2015 年牛市最大的黑马当属暴风科技，该股 2015 年 3 月 24 日上市，自次日起就开始连拉了 29 个一字涨停。不少投资者打新中签骑上了黑马却没坐稳，大多在 140~150 元的价位卖出，却没料到该股中途休整后又是一路涨停，截至 2015 年 5 月 21 日，暴风科技斩获了 34 个涨停，一举超越了此前兰石重装创下的 A 股新股上市连续涨停纪录，创造了 A 股历史上最大的黑马神话。

投资者需要注意的是，此类黑马股一旦这些机构的操盘手停止操作或获利出局，股价将会出现大幅度的下跌。

3. 概念的炒作使得游资争相介入

所谓游资，是指为追逐高额利润而在各金融市场之间流动的短期资产，它具有投机性强、流动性快、倾向性明显的特征。游资非常喜欢借助题材进行拉升，喜欢符合市场短期热点的概念，喜欢讲故事，比如京津冀、军工、锂电池、网上

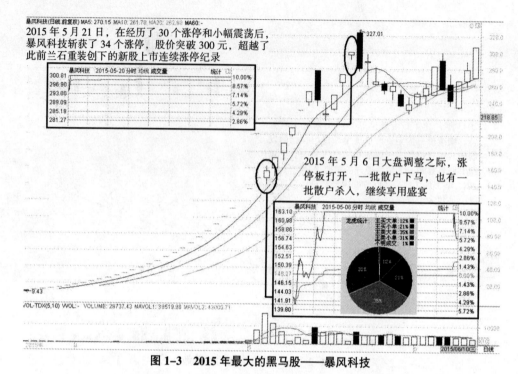

2015 年 5 月 21 日，在经历了 30 个涨停和小幅震荡后，暴风科技斩获了 34 个涨停，股价突破 300 元，超越了此前兰石重装创下的新股上市连续涨停纪录

2015 年 5 月 6 日大盘调整之际，涨停板打开，一批散户下马，也有一批散户杀入，继续享用盛宴

图 1-3　2015 年最大的黑马股——暴风科技

教育。一般是采用突袭龙头，然后逐步建仓次龙头的做法，也就是用自己的自有资金拉升龙头，迅速封涨停，与此同时，同步布局同类板块的个股，借助板块效应，靠外部的力量进行拉升。庄家建仓和出货都是漫长周期性的，而游资不是，通常采用拉升式吸筹和打压式出货，来得快，去得疾。

4. 其他的一些利好题材也会使股价出现飙升的情况

如利用"回购"、"预亏"题材、"三通"题材以及"三无"概念等，将股价炒高。

需要说明的是，重组在股市中是永恒的题材，每年升幅前十名大牛股多是重组股。对于普通投资者来讲，没有内幕消息介入这些亏损股，搏重组风险相当大，随时有停牌或上三板的可能，弄不好血本无归，但是做对一个就可横财就手，所以也是有相当吸引力。通常来讲，普通投资者可以通过上市公司提供公开消息（尤其是财务报表分析）去判断重组能不能成功。具体来讲，投资者可以关注该股的负债情况：第一，负债率。负债率 50% 以下最好，负债率越小就越容易成功。第二，负债额。负债额越少，如果是一两千万，成功可能性相当大。通常情况下，重组方是要消化重组股的债务，如果负债少，重组成本低，自然容易成功，反之亦然。

点金箴言

在股市中，从来没有无缘无故的黑马，且黑马启动之后被投资者买到的概率其实并不高。因为这样的股一般是被人操纵的，第二天直接大单封死涨停，庄家坚决做多，敢于拉 N 个涨停板，肯定是不愁出货的，这样的股一般有上市公司进行配合，来炒作的一般也是上市公司高管的家属及一些资金集团。

第二节　黑马股的特征

黑马股的出现是任何一轮大行情中的自然现象，黑马股一定会出自被基金和机构忽略的中小盘股票中，一般投资者很难发掘，但是通过对历史上多次行情中涌现的黑马股进行分析，可以发现有希望成为黑马股的股票一般都会具备一些共同的特征。

一、黑马股技术形态上的特征

一般而言，黑马股技术形态上的特征主要可以归纳为以下几点：

1. 形态

绝大多数的黑马股在启动之前都有一段较长的吸筹期，时间为 1~4 个月，甚至更长，表现在 K 线形态上，就是较长时间的横盘，如图 1-4 所示。

对于这种横盘，应把握几个要点：

（1）位置。据统计，近年来的十几只飙升 2~5 倍的黑马股中，有 70% 是在 20 度线之下的一格左右横盘多日的。这表明做空的力量已经消耗殆尽，股价已经在超卖区基本站稳。

（2）筹码分布状况。一般来讲，低位的长时间横盘，并不能说明庄家已经建仓结束。如果投资者介入的时间过早，那么投资者的资金在一段时间内就会处于锁定状态。通常情况下，若低位的筹码呈现松散状态，表明整个局势处于横盘吸筹的初期，后面的路程还很漫长，不必急于介入。到了横盘的后期，低位的筹码会在指标上形成极度压缩的情况。凡是压缩得越扁越长的，甚至形成了细线状

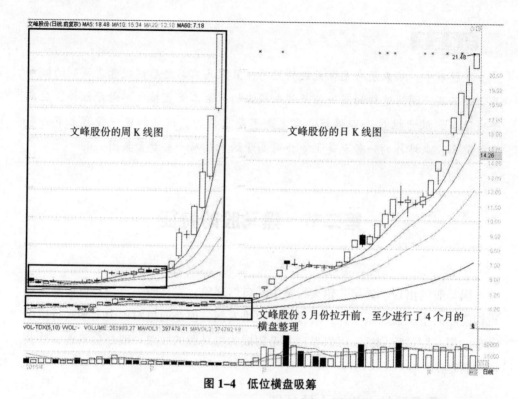

图 1-4　低位横盘吸筹

的，更是佳选，因为此种品相不仅表明了横盘吸筹的基本完成，更表明了庄家超强的实力与决心。据统计，近年的大黑马股，其低位的筹码压缩程度都是相当紧密的。

为了更好理解筹码分布，投资者可以做这样的一个假设：某公司一只股股票，分别被 3 个不同的投资者持有。股东甲曾在 20 元价位上买过 6 股，而后又在 22 元价位上买了 12 股；而股东乙则在 24 元的持仓成本上买进了 8 股；股东丙在 26 元上买了 2 股，在 28 元上持有 4 股。把这 3 位投资者的股票加起来，正好是 32 股。再来做这样的一张图，在这张图的右侧，我们先把价位标清楚，从 20 元一直标到 28 元，共 5 个价位，然后把这些筹码按照当时股东们买它的成本堆放到它相应的价位上，于是就形成了图 1-5。

从图 1-5 可以看出：投资者的持筹在 22 元较重，24 元次之，20 元再次之。事实上，除了甲、乙、丙三位股东外，还存在另外一位投资者丁。丁在 18 元左右买过这只股票，后来又以 22 元转卖给了股东甲，于是丁提出了一个问题，"我 18 元钱的历史交易怎么没有在这张筹码分布图上得到反映？"答案很简单，

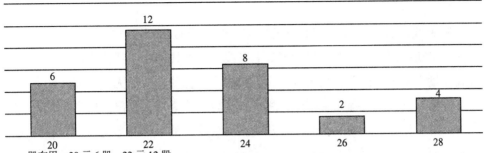

股东甲：20元6股，22元12股
股东乙：24元8股
股东丙：26元2股，28元4股

图 1-5　股东筹码构成

图 1-5 分布的筹码一共只有 32 股，而该股的流通盘也是 32 股，筹码分布只表现这一天所有在册股东的建仓成本。其实，这是筹码分布的一个重要特征：即反映一只股票的全体投资者在全部流通盘上的建仓成本和持仓量，它所表明的是盘面上最真实的仓位状况。

筹码的分布情况更直观的描述方式是各成本区间的筹码分布，这个在交易软件中可调出。筹码分布有助于研判庄家的持仓成本和获利的成本区域。图 1-6 为劲胜精密（300083）2015 年 6 月 18 日各成本区间的筹码分布图。

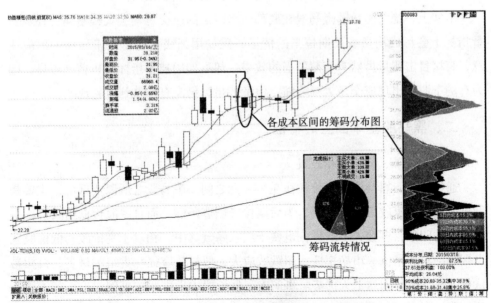

图 1-6　劲胜精密 2015 年 6 月 18 日各成本区间的筹码分布

2. K 线形状

从 K 线图看，当股价在低位进行震荡时，经常出现一些特殊图形，出现的频率超出随机概率。典型的包括带长上影线、下影线的小阳线或小阴线，并且当日成交量主要集中在上影线区域，而下影线中存在着较大的无量空体，许多上影线来自临收盘时的大幅无量打压；跳空高开后顺势杀下，收出一根实体较大的阴线，同时成交量明显放大，但随后并未出现继续放量，反而迅速萎缩，股价重新陷入表面上无序的运动状态；小幅跳空低开后借势上推，尾盘以光头阳线报收，甚至出现较大涨幅，成交量明显放大，但第二天又被很小的成交量打下来。如果这些形态出现的概率较高，那么很可能是庄家压低吸筹所留下的痕迹。

从 K 线组合来看，经常出现上涨时成交量显著放大，但涨幅不高的"滞涨"现象，但随后的下跌过程中成交量却以极快的速度萎缩。

3. 量能

一般情况下，能成为黑马的个股在筑底阶段会有不自然的放量现象，量能的有效方法显示出有增量资金在积极介入。因为散户资金不会在基本面利空和技术面走坏的双重打击下蜂拥建仓的，所以，这时的放量说明了有部分恐慌盘在不计成本地出逃，而放量时股价保持不跌常常说明有主流资金正在乘机建仓。所以，这一特征表明该股很可能是未来的黑马股，投资者应予以关注。

事实上，绝大多数的黑马股在底部横盘时期的成交量均会大幅萎缩，在成交量指标上会形成均量线长期拉平的情形，犹如用细线穿起了一串珍珠。但应注意，直接目击测量虽然有直截了当的效果，却不如用技术指标分析精确可靠，因为有的个股会出现成交量大幅萎缩，但量能指标仍没有调整到位的现象。

二、黑马股基本面上的特征

1. 股价较低，多为低估值股

通常来讲，黑马股的股价往往在 3~8 元之间。黑马股之所以要低价，主要是低价股便于庄家收集低价筹码，为后期拉升创造条件。而且，股价低给人们留下垃圾股的印象，多数人不敢碰，也便于庄家隐藏其中。相对于高价股，低价股至少拥有绝对价格低、市净率低、超跌效应大、填权效应强、重组题材多、机构易认可、复苏空间大这七大优势。事实上，低价股中出牛股的事例层出不穷，历年的牛股排行大都从低价股中产生。如 2015 年牛股之一物产中大（600704），庄家就是在 6 元左右建的仓。如图 1-7 所示。

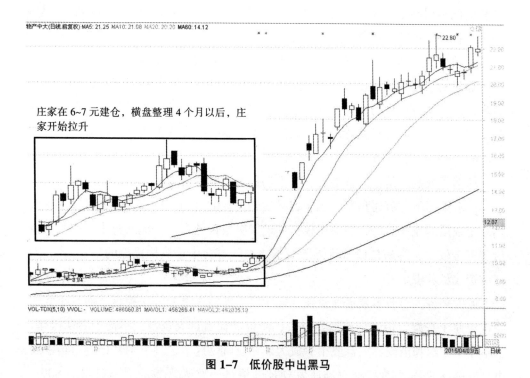

庄家在 6~7 元建仓，横盘整理 4 个月以后，庄家开始拉升

图 1-7 低价股中出黑马

在实际操作中，选择有潜力的低价股可参考以下原则：

（1）盈利收益稳定。公司盈利稳定或即将扭亏为盈是基本面向好标志，最终会反映到股价的涨升上来。

（2）行业准入标准高。由于准入标准高使公司具有不可替代性，往往成为炒作题材。

（3）市场潜力大。一些公司当前市场并未完全拓展，但其产品或服务的市场前景却非常广阔，如果公司运营正常，迟早会使股价上涨。

需要说明的是，低价股并非一定就好，如果上市公司亏损太多，扭亏为盈的可能性不太大，这样的低价股还是不买为好。

2. 成交不活跃，长期处于低迷状态

对于低迷行情，不少投资者都是很烦恼的。然而，对于庄家来讲，往往利用大多数投资者短期内就想获利的心态，使投资者失去斗志。一般情况下，黑马股在启动前，其成交量一直维持在极低水平，连续几日或多日盘中成交清淡，有时

甚至有几分钟不见成交的现象出现。短线买家进场后获利甚微，甚至短线被套，很长时间不得不维持现状，迫使他们大都保本或割肉离场。这一过程的实质是中小散户把手中的筹码低价交给了庄家。

3. 有可供炒作的"故事"题材，最好处于多个题材的交集

通过对股市中出现的黑马股进行分析可以发现：黑马股必须具有远景题材，且远景最好具有很大的想象空间，这是黑马股的重要特征。即使该股目前的每股盈余并不突出，但是只要背后有动人的故事题材，想介入的人就会很多。

4. 小盘股，便于控制

所谓流通盘，是指股票能在二级市场进行交易的流通量。

一般情况下，流通盘小，庄家容易达到控盘的目的。所谓控盘，是指庄家吸纳一定数量的流通股后，能够比较自如地操纵股价的走向。流通盘小，庄家操盘所需资金较少，容易把股价玩弄于股掌之中，符合中小机构操控的"胃口"，便于游资或私募进出。

通常来讲，总股本及流通盘在3亿元以下的，庄家能轻松控盘，而且小盘的壳资源便于重组、借壳。流通盘过大，游资需耗费过大资金，不便于后期操作，也不便于重组和借壳，大盘股很少成为黑马股就是这个道理。翻开证券市场发展史，70%~80%的小盘股都有被庄家操控的痕迹。绝大多数的黑马股（约80%~90%）是小盘股。绩优小盘股刚上市就会被关注，容易成为绩优小盘黑马股，特别是在市况极度低迷时上市，更是需要重点关注的对象。

5. 有促使股价下跌的利空消息

所谓利空，是指能够促使股价下跌的信息，如股票的上市公司经营业绩恶化、银根紧缩、银行利率调高、经济衰退、通货膨胀、天灾人祸等，以及其他政治、经济、军事、外交等方面促使股价下跌的不利消息。利空往往会导致股市大盘的整体下跌，不断的利空消息会造成股市价格不断下跌，形成"熊市"。

一般来讲，能成为黑马的个股在启动前总是会遇到各种各样的利空，利空主要表现在：上市公司的经营恶化，有重大诉讼事项，被监管部门谴责和调查，以及在弱市中大比率扩容等很多方面。虽然利空的形式多种多样，但是在一点上是共同的：就是利空消息容易导致投资者对公司的前景产生悲观情绪，有的甚至引发投资者的绝望心理而不计成本地抛售股票；而就在投资者纷纷抛售股票后，往往会发现，黑马快速拉升，涨停之后一骑轻尘而去，令投资者望尘莫及。如

2015 年 6 月 28 日，交通银行在连续下跌后又逢利空消息传来，国家审计署审计报告称交通银行（601328）违规放贷，造成银行损失 1.45 亿元。利空消息导致交通银行股价在 6 月 29 日一度跌破 72 日均线支撑，股民纷纷恐慌性抛盘，但就在次日交通银行以涨停给了看空者一记响亮的耳光。如图 1-8 所示。

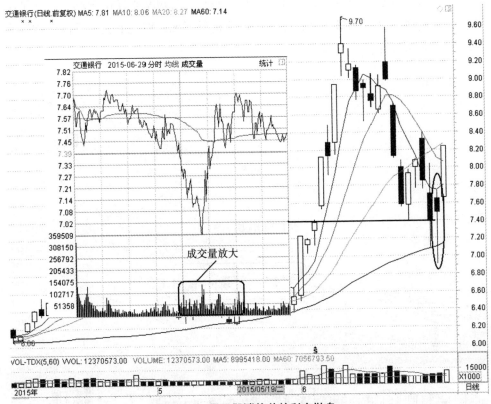

图 1-8　黑马股涨停前的利空抛盘

6. 不良状况较多

从实战情况来看，不少黑马股多为问题股，官司缠身，多为亏损或微利股。在这样的情况下，不少投资者就会犹豫不决。其实，这样的例子很多，S*ST 新太（600728，现更名为 *ST 新太），2009 年第一季度季报公布的每股收益为-0.035 元，中报公布的每股收益为-0.035 元，业绩半年多没有改观，很难将其和黑马股挂上钩，而且该股同期官司很多，违规担保、贷款未还的官司仍没脱身。然而，就是这么一只亏损加官司股，从 2009 年 1 月 5 日的每股 4.5 元一直涨到 2010 年 2 月 4 日的每股 23.19 元。

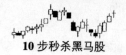
三、黑马股的启动特征

在实战中，黑马股即将启动的时候，往往会出现以下特征：

1. 启动前突然下杀

黑马股价在启动前出现突然性的下跌，同时，公司基本面出现利空，这是庄家准备拉升进行洗盘的常用动作之一，也就是蹲下来，再跳上去，反而会跳得更高。如图1-9所示。

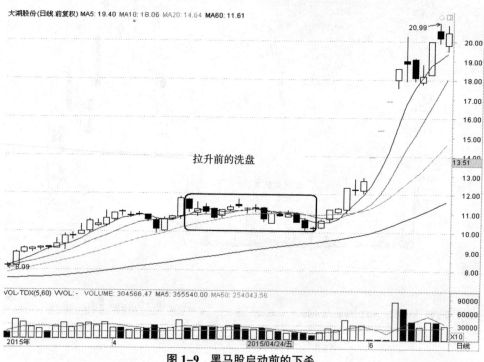

图1-9　黑马股启动前的下杀

这种股票由于突然的下跌，加上利空打击，使得投资者容易作出技术上破位，股价还将会大幅下跌的判断，从而杀跌出局，成为庄家清洗的对象。对于这种股票，投资者应对利空的性质及其真假加以判断。当然，投资者也要结合过去几个月的技术形态判断庄家是否在前期有吸筹动作。如果能作出肯定是假跌的判断，那么，在股价回升、突破重要阻力位和站上重要均线的时候，就是及时买进的机会。

2. 庄家往往会进行二次吸筹

当股价在经历一波下跌行情之后，庄家开始着手进行吃进。吃进的筹码第一步是用来砸盘的，庄家利用大势不好的机会，不断抛售初期吃进的少许筹码，通常借助大盘大跌的机会，主动性抛售几笔大单能够诱使盘中杀跌资金恐慌出现，终于股价跌到庄家看好的价格位置，再横盘吃进一部分筹码，当盘中浮筹不够的时候，庄家还会拉高股价到一个新台阶继续吃进。这往往是黑马股即将腾飞的重要信号。

庄家二次吸筹会改变一只个股的多空力量。当然，在庄家的积极介入后，股价会慢慢向上发展。然而，此时的大势仍然存在变化的可能。所以，庄家通常会使用各种手段控制股价在一个固定的区域来回震荡，并形成一个波段高低运行区域，盘中短线资金自以为找到庄家破绽，于是加强高抛低吸，突然，有一天股价冲过箱体继续上行，如果庄家仓位筹码不够，则会继续少量筹码迅速将股价打压下来，一直到建仓完毕才会真正突破上涨，这个震荡区域越长，就说明庄家吸筹越多，后期上涨空间也越大，持续时间也越长。如图1-10所示。

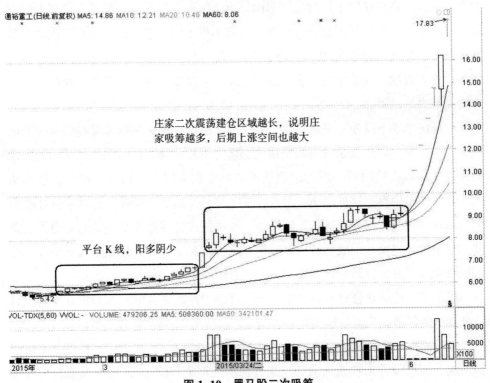

图1-10 黑马股二次吸筹

3. 成交量低迷

股价经过历史暴跌后，在低位走稳，长期在低位震荡，技术形态上形成较长时间的横盘震荡，给人的感觉是该股票无庄家，成交量相当低迷，涨跌幅度都不大，但偶尔会有不自然的放量出现。这说明庄家在低位非常有耐心地吸收筹码。这种股票的庄家，一般是长线庄家，资金较为雄厚，做一个股票，吸筹需要半年左右的时间，股价走势相当折磨人。所以，即便投资者遇到这样的股票，也不能急于介入，可以先纳入自选股观察，等待该股放量启动，技术性形态转向多头的时候再考虑买入，否则会浪费许许多多的时间陪同庄家吸筹、洗盘，等等。

4. 平台K线暗示庄家建仓玄机

庄家欲建仓一只股，会按照计划买进一定筹码，为了避免被市场发现，起初的买盘不会很大，而且也不会主动追高吃进，由于大盘还没有完全见底，而庄家这些主动性买盘必然会使个股出现拒绝下跌的现象，日K线上会留下一段小平台K线，在整个吸筹阶段，K线图上基本上以阳线为主，夹杂少量的绿色阴线，而且是红肥绿瘦，如图1-10所示。此时，若大盘出现反弹的迹象，会令盘中的抛盘减少，从而令庄家不能收集更多的筹码。因此，股价会被推高，这样的情况很容易吸引到一些短线跟盘资金追进，庄家不得不震仓洗盘，特别是几次莫名其妙的跌停，吓唬得没有思想准备的散户恐慌抛售，可是，股价在次日继续大涨，如果投资者发现一只股票洗盘次数越多，而且杀跌幅度越大，那么，个股上涨潜力将是最大的品种。

如果庄家在下跌途中坚定持筹，并且继续逢低吸纳，则除非某些特殊情况出现，否则股价一般难以杀回前期密集成交区之下并维持较长时间。这是因为庄家的建仓成本就在这附近，而他们当然不会容忍别人以比他们更低的价位从容买入。出货形态则没有这种顾虑。另外，在"黑马"的孕育阶段，这种震荡往往会多次出现，但随着庄家持筹的不断增加，振幅往往会逐步收窄，其间如遇大盘急挫，更是考验"黑马"成色的大好时机，这种情况下，那些振幅很小的个股，庄家控盘能力更强，日后突破上攻将只是个时间问题。

当庄家在低位建仓时或者是在拉升的过程中，为了获取较为廉价的筹码或者清洗场中的浮筹，庄家往往会进行洗盘。

当股票在一个较高平台（或股票已慢涨了一段时间）横盘时，K线图上连续拉阴线，但股价并未跌或只微跌（这些阴线就称为串阴）。此种情况就是一种洗盘术（串阴洗盘），往往是股价大幅拉升的前兆。

点金箴言

从上市公司的资料看：上市公司的主营方面是朝阳产业，是国家大力发展的行业，有高净资产、高税后利、可能产生高送配题材的股票容易成为黑马股；流通股本极小的股票在庄家的强烈拉抬下也会成为黑马。从纯技术方面看：长期盘整后领先上破阻力位的股票、波段上升且经常涨的股票以及跌到支撑线就上升的股票容易成为黑马股。从宏观政策方面来看：国家政策的改变极大地有利于某类上市公司的发展；重大利空出来仍不跌的股票；某股本结构不能达到法定标准时，准备扩展达标的股票容易成为黑马股。

第三节　黑马股的类别

对于我们每一个人来讲，都有属于自己的性格。由于庄家运作手法及方式不同，黑马股也分为不同种类，不同种类的黑马股股性也是不一样的。所谓股性，是指股票的一种外生特征，它是由投资者行为所赋予的，但成为股票相对稳定具有的一种特性。一种股票进入流通市场后，往往会有一些特别的经历：或者被恶炒而大败，留下一大批套牢筹码；或者多次飙升而让许多投资者大获其益；或者有长期庄家照看；或者筹码分布与众不同；等等。股票特殊的市场经历会建立特殊的市场基础和市场形象，因而在市场竞争中也会形成特殊的市场表现，它对股价的定位与变化有极强的作用。

一、短线黑马、中线黑马和长线黑马

如果以黑马跑赢大市的程度和持续时间的长短进行区分，可以把黑马分成短线黑马、中线黑马和长线黑马三类。

1. 短线黑马

短线黑马的特征是急涨急跌，它能在较短的时间内远远跑赢大盘，但不会持久。短线黑马的控盘时间长则 3 个月，短则几个星期，甚至几天。正因为短线黑

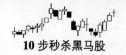

马持续时间短，一旦完成了短期升势，就会见顶回落，跌势较猛。如图 1-11 所示。

短线黑马的特征如下：

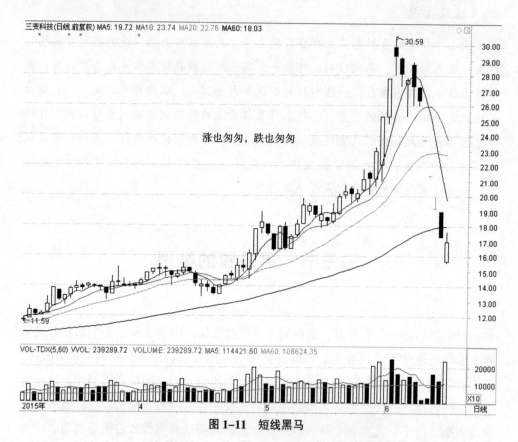

图 1-11　短线黑马

（1）一般股票质地比较差，多为绩差股，股价发动初期价位大多比较低。

（2）过去股价曾经沉寂了很长一段时间，被市场视作冷门股。

（3）因股权变动、资产重组等原因，酝酿出一个新题材。

（4）在朦胧的题材刺激下，股价步步走高。当消息公布后，股票即开始回落。

（5）股票飙升时容易吸引钟爱低股价的散户和炒手追涨。

（6）一旦股票出现快速回落，就会有很长一段时期的沉寂，重新沦落为冷门股。

拉升短线黑马的多以游资为主，走势上体现的就是急拉快涨。投资者如果不能快进快出，见好就收，盲目追涨很容易吃套。

2. 中线黑马

中线黑马的特征是轮涨轮跌，股价涨跌呈周期性特点，经常远远跑赢大市，庄家的控盘周期短则半年至 1 年，长则 3~5 年。由于中线黑马涨跌具有周期性这一特点，所以其上涨和下跌呈现出一定的规律性。如图 1-12 所示。

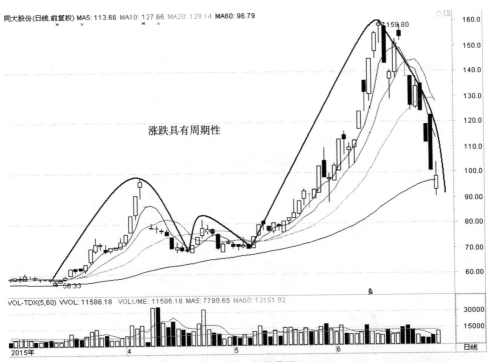

图 1-12 中线黑马

中线黑马的特征如下：

（1）股票质地比较好，向上发动时，股价常处在整个股市的中价位置上。

（2）常会周期性跑赢大市，在某一个时期走在大势前头，后来慢慢冷下来，过了一段时期，又会跑在大势前头，周而复始，直到潜在的题材用尽。

（3）因股本结构、行业、地域等特殊原因，其题材不断地被主力利用。

（4）受题材刺激，股价不断上升，而消息公布时，股价炒作往往到位。

（5）股价回落后，盘整筑底较长时期，等题材被主力重新发掘（如再一次有人收购），才会展现昔日雄风。

中线黑马一轮炒作后投资者在高位追涨经常被套，只有等到其"梅开二度"时才有解套获利机会。

3. 长线黑马

长线黑马的特征是多涨少跌，它能在一个较长时期内远远跑赢大盘。长线黑马为大多数中长线投资者所喜欢，是因为庄家长线思路明显，K线中阳线分布较多，阴线多以小阴线或十字星为主，股价沿着一个标准的上升通道缓慢爬升。尽管从短时期看，它有时可能表现不佳，但长线黑马能几年、十几年，甚至几十年地为投资者带来丰厚的回报。如图 1-13 所示。

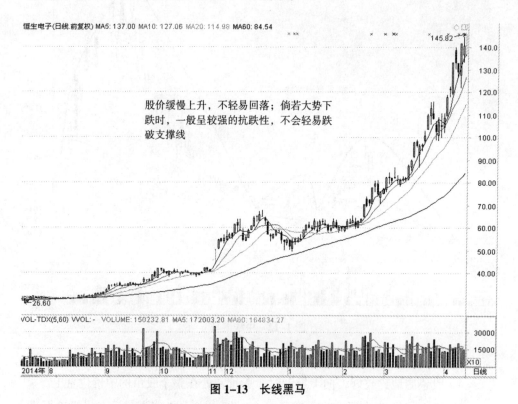

图 1-13　长线黑马

长线黑马特征如下：

（1）有鲜明的主营业务和过硬的拳头产品（包括资产重组后获得新生的那部分个股）。

（2）在行业竞争上始终处于领先地位，市场占有率越来越大。

（3）有股本高速扩张的能力，并且经营业绩随股本扩张同步增长。

（4）净资产收益率和每股收益都名列上市公司的前列。

（5）随着股市规模扩大，人们投资理性化，追逐它的人越来越多。

（6）每当大市发动，都可能冲锋在前，有一段可观的涨幅。

（7）上涨时无需很大的成交量，筹码锁定较高。

（8）主力炒作不是图一时之快，有长期作战的打算。

长线黑马有长庄进驻，上涨时间比较长，也比较受投资者的青睐。

二、即将拉升型黑马、井喷型黑马、台阶型黑马和连续突破型黑马

如果以黑马的走势进行区分，我们可以把黑马分成即将拉升型黑马、井喷型黑马、台阶型黑马和连续突破型黑马四类。

1. 即将拉升型黑马

就即将拉升型的股票来讲，其走势特征主要有以下几点：

（1）在表现出较强抗跌性的同时，股价以横盘或小幅上扬的方式上破压力线，而且下降趋势线和形态的颈线（如果有的话）几乎同时被突破，如图1-14所示。

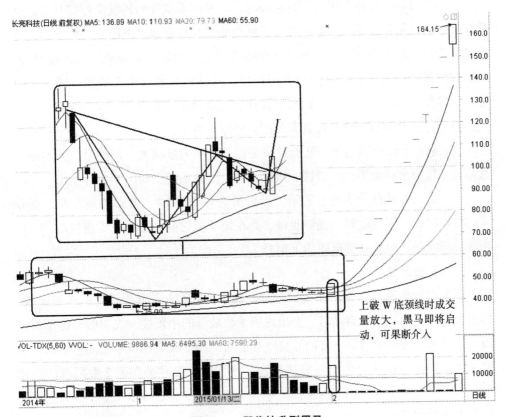

上破W底颈线时成交量放大，黑马即将启动，可果断介入

图1-14 即将拉升型黑马

（2）出现上破迹象时，成交量会明显放大，但较此前最大日成交量约少 1/3，而周成交量可能仅相当于最大量的 1/2 左右，之后会出现再度放量的过程，至少会保持现有的水平。

（3）由于上破时未显著放量，或继续上攻时放量过大，短线回调压力非常明显，股价顺势调整，但这种整理的时间较短，一般为 2~3 天，很少会超过一周。至于少数先打后拉的个股，短期走势会跌破下降通道下轨，即通道线，而不使之跌破中长期的上升趋势线，而且成交量往往急剧放大，给人造成一种放量破位的假象。

对于投资者来讲，如果把握好以上几点，通常会比较容易找到即将拉升型股票的操作时机：第一，温和放量并缓慢上行时，此时还没有或略微冲破压力线；第二，成交量急剧放大后回调企稳时，此时股价应在原压力线之上，虽然介入成本较高，但在技术操作中是最佳的介入时机。

2. 井喷型黑马

当一只股票已经停牌很久，持续补涨，一旦出来就开始连续涨停好几天，感觉就如同早已蓄势待发。还有一种情况就是股票长期在水平范围内小幅徘徊，当市场突然出现逆转或者一旦放出重大的爆炸性消息以后，大量投资者迅速追进，立即导致股票垂直向上，产生极大的涨幅，这两种现象就称为股票井喷。简言之，股票井喷或者即将井喷可以理解为这只股票可能要暴涨。

对于井喷型股票来讲，投资者要把握好以下两点：

（1）第一个涨停板附近。底部放量涨停，做多力量很大。即使第二天不再是涨停板，短线出局也不至于赔钱。所以，可以坚决跟进，如图 1-15 所示。

（2）第二天开盘价附近。若第二天股价高开 2%~3%，并强势横盘时，是介入的极好时机。因为此时的强势盘整，是在快速消化前一日的短线获利盘，一旦短线抛压减轻，股价就会迅速向上窜升。

3. 台阶型黑马

所谓台阶型黑马，其形态犹如台阶，股价拾阶而上。其要旨是"两根阳线"的组合，即股价从底部启动时，会出现第 1 根放量的中阳线，表明股价已形成突破。第二天，股价承接前一日的涨势继续上涨，而形成第 2 根中阳线。尔后，股价进入盘整阶段，从而做出一整理平台。该平台一般只是在第 2 根阳线的实体内，不会深入到第 1 根阳线的实体。平台可长可短，但以 3~5 天、5~7 天的短平台最常见，如图 1-16 所示。

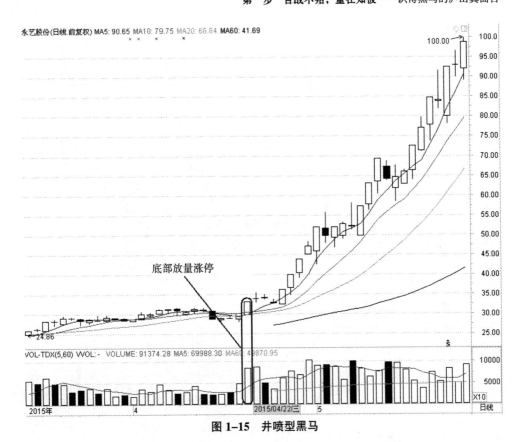

永艺股份(日线 前复权) MA5: 90.65 MA10: 79.75 MA20: 66.84 MA60: 41.69

底部放量涨停

图 1-15　井喷型黑马

一般情况下，在平台整理时，成交量会逐渐递减。待盘整末期，股价向上重拉阳线时，成交量会骤然放大。

在实际操作中，对于台阶式黑马的操作介入是每一个整理平台末端向上突破的阳线。所以，其最佳买点有多个。当然，股价越向上，买入的风险相应也越大。如果能在低位介入，就最好一直持有，直到见顶为止。

需要提醒投资者的是，对于台阶型黑马的捕捉秘笈：跟踪底部的两根基础阳线，若股价在第 2 根阳线实体内做盘整平台，就极有可能是一台阶式黑马。

4. 连续突破型黑马

庄家通过快速拉高股价，在极短的时间内收集足够多的筹码，略作整理后就马不停蹄地展开连续上攻的行情，显示出庄家的迫不及待，生怕筹码落入他人之手。之所以庄家会如此做，主要原因是这类个股往往隐含着一个不被市场知晓的重要题材，同时庄家的高成本足以支撑目前的股价。一般是所炒作的题材快要兑

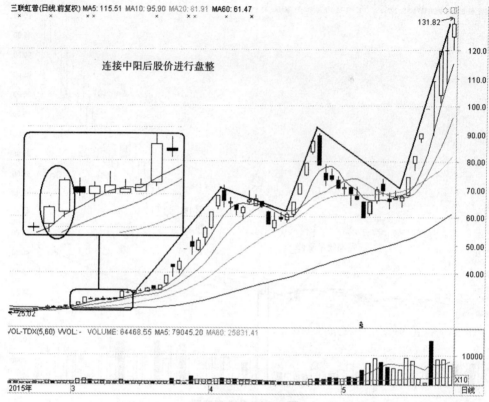

三联虹普(日线,前复权) MA5: 115.51 MA10: 95.90 MA20: 81.91 MA60: 61.47

连接中阳后股价进行盘整

图 1-16　台阶型黑马

现，或者题材提前泄露，庄家被迫以最短的时间做出连续拉升的动作。

通常情况下，一旦该类股票开始拉升，就会伴随着较大的成交量，中间可能经过 3~4 天的休整，然后再次放量拉升，走势图上呈现出阶梯式放量上涨的图形。

点金箴言

黑马类股票在拉升之前，通常不会显山露水，也很少出现在涨跌幅的前几名中。但它们却经常逆势逞强，如拒绝下调，就是弱势之中可寻找的好股票。但偶尔也会有例外，也就是说，具体的表现形式与股性、机构实力及手法等有关。

第二步　捕风捉月，观盘望股

——分时走势的黑马擒拿术

第一节　集合竞价捕捉黑马股

一、集合竞价概要

1. 集合竞价的概念

上交所、深交所定在上午 9：15~9：25，大量买或卖某种股票的信息都输入到电脑内，但此时电脑只接受信息，不撮合信息。在正式开市前的一瞬间（9：25~9：30）电脑开始工作，系统撮合定价，按成交量最大的首先确定的价格产生了这种股票当日的开盘价，并及时反映到屏幕上，这种方式就叫集合竞价（下午开市没有集合竞价）。

2. 集合竞价需要满足的条件

集合竞价由电脑交易处理系统对全部申报按照价格优先、时间优先的原则排序，并在此基础上，找出一个基准价格，使它同时能满足以下三个条件：

（1）成交量最大。

（2）高于基准价格的买入申报和低于基准价格的卖出申报全部满足（成交）。

（3）与基准价格相同的买卖双方中有一方申报全部满足（成交）。

一般而言，所有在集合竞价成交的委托，无论委托价格高低，其成交价均为开盘价，所有高于开盘价的买入委托和低于开盘价的卖出委托均可成交，与开盘

价相同的部分委托也可成交。另外，沪深两地股票的开盘价是由集合竞价产生的，如果集合竞价未能找出符合上述三个条件的成交价格，则开盘价将在其后进行的连续竞价中产生，连续竞价的第一笔成交价格则为该股当日的开盘价，如果某只股票因刊登公告等原因于上午停牌，则下午于 1 点起直接进入连续竞价，其第一笔成交价格则为该股当日的开盘价。

二、集合竞价捕捉黑马股

在 9：30 开盘前，通过集合竞价开盘时，投资者都有几分钟时间浏览大盘和个股，这是一天中最宝贵的时间，是捕捉当日黑马的最佳时刻。因为能看出大盘开盘的情况（是高开还是低开），能发现个股是怎样开盘的，庄家的计划怎样，在这短暂的时间内要作出迅速反应。在实际操作中，投资者在集合竞价阶段捕捉黑马股时，要把握以下几点：

1. 前一个交易日放量启动

投资者在关注自选股时，如果其中一股在前一个交易日放量启动，注意这里的量要明显放大，且温和而非巨量，那么该交易日的竞价中如果买单量大且主动，可以涨停挂单买进。如图 2-1 所示。

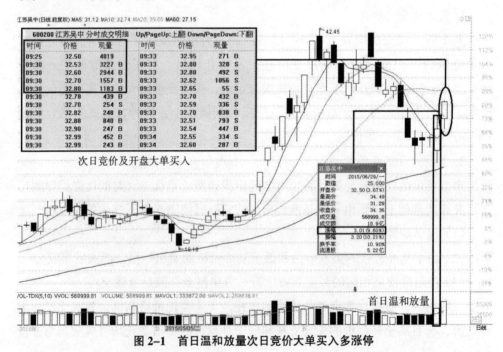

图 2-1　首日温和放量次日竞价大单买入多涨停

2. 长期低位横盘个股

长期低位横盘的个股，在第一波上涨启动之后，次日可在竞价中挂单买入，此类个股前一个交易日表现得越强势，次日竞价买入后盈利的空间越大，一般在开盘价出来之后，买不到相对的更低点，如图 2-2 所示。

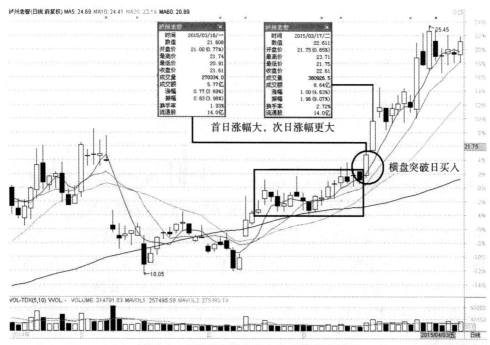

图 2-2 长期低位横盘第一波上涨启动买入

3. 游资入场或实质性利好公布

对于游资入场涨停或者有实质性利好公布的个股，在确认竞价中的主动性买盘有效之后，可尽早在竞价的第二阶段挂单，且价格越高越好，比如重组概念、地域概念。如图 2-3 所示。

4. 事先予以关注的股票

对于事先予以关注的股票，在分析研究集合竞价情况时，一定要结合该股票在前一交易日收盘时所滞留的买单量，特别是第一买单所聚集的量的分析。这种分析对于当天的操作及捕捉涨停的效果有着十分重要的意义。通常情况下，若某股票在前一交易日是上涨走势，收盘时未成交的买单量很大，当天集合竞价时又跳空高走并且买单量也很大，那么这只股票承接昨日上升走势大涨甚至发展为涨

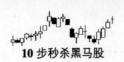

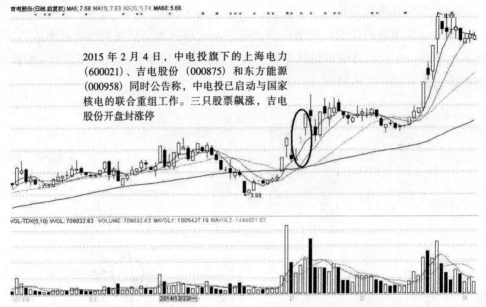

图 2-3　吉电股份重组利好消息发布连续涨停及此后保持的涨势

停的可能性极大，通过结合诸如 K 线组合、均线系统状况等情况的综合分析，确认具备涨停的一系列特征之后，要果断以略高的价格挂单参与竞价买入。当然也可以依据当天竞价时的即时排行榜进行新的选择，以期捕捉到最具潜力的股票，获得比较满意的投资效果。图 2-4 为 2015 年 4 月 15 日中国南车（现易名中

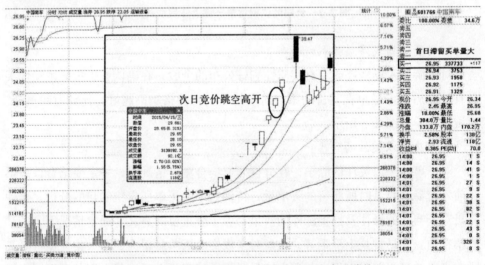

图 2-4　首日滞留买单量大，次日竞价跳空高开涨停

车）的走势图，4 月 14 日滞留买单 337733 手，4 月 15 日高开，当日股价涨停，此后又连涨停两日。

5. 通过集合竞价巨量识别黑马

此处所指的巨量，其实是指早盘 9：25 的成交量。通常来讲，如果这个时间段出现了巨额成交量，在波段涨幅较小的情况下，往往是庄家在疯狂扫货，个股出现这种情况往往是由于突发利好或者潜在利好造成的，是股价启动或者加速上扬的标志，散户的力量分散，意志也不统一，获取企业信息的渠道很单一，所以，集合竞价中的巨量成交绝不可能是散户的行为，是庄家与大游资的行为，普通投资者要做的就是根据这些巨量来抓住黑马股。图 2-5 为 2015 年 6 月 29 日石化油服 9：25 的集合竞价阶段，成交量高达 41298 手，当日股价涨停。然而，并不是出现巨量的股票都是适合投资者进行操作的，因为巨量也有自己的标准。就"标准"而言，具体情况又需要根据以下具体分析：

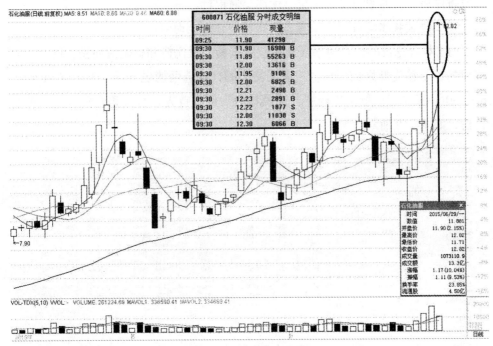

图 2-5　早盘巨量当日涨停

（1）流通盘小于 3000 万，成交量 600 手以上。

（2）流通盘在 3000 万~6000 万，成交量 800 手以上。

（3）流通盘在 6000 万至 1 亿，成交量 1000 手以上。

（4）流通盘在 1 亿~2 亿，成交量 1500 手以上。

（5）流通盘在 2 亿~4 亿，成交量 2000 手以上。

（6）流通盘在 4 亿~6 亿，成交量 2500 手以上。

（7）流通盘在 6 亿~10 亿，成交量 3000 手以上。

（8）流通盘在 10 亿元以上，成交量 5000 手以上。

6. 在集合竞价阶段，投资者也可以通过涨幅榜捕捉黑马股

具体方法是迅速打开集合竞价的板块界面，搜索板块涨幅榜，找出涨幅居前的板块；然后，对本板块个股进行排序，找出集合竞价阶段涨幅居前的个股。选出股票，并在开盘后 30 分钟内择低点买入。如图 2-6 和图 2-7 所示。图 2-6 为 2015 年 6 月 30 日集合竞价阶段的板块涨幅排行榜，其中保险股排第一位，银行股排第二位。考虑到 6 月 15 日以来大盘调整，银行股稳健，优选银行股。对银行股排序后，交通银行排第一位，优选交通银行。

7. 三榜捕捉黑马股（涨幅榜、量比榜和资金流向榜）

（1）集合竞价时，迅速果断地搜索涨幅榜、量比榜和资金流向榜，同时处于三榜的，是首先甄别的对象。三者无交集的，优选两榜也可以。下面以 2015 年 6 月 30 日涨幅榜、量比榜相结合选黑马股为例。首先，打开集合竞价阶段的量比榜，如图 2-8 所示。

图 2-6　2015 年 6 月 30 日集合竞价阶段的板块涨幅排行榜

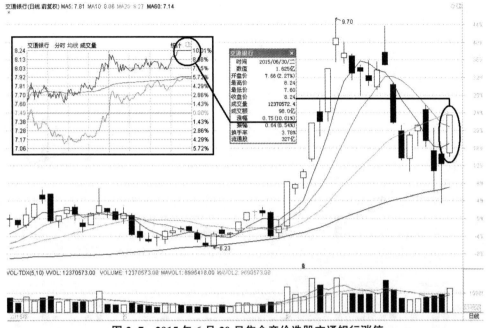

图2-7　2015年6月30日集合竞价选股交通银行涨停

	代码	名称	涨幅%	现价	涨跌	买价	卖价	总量	现量	涨速%	换手%	今开	最高	最低	昨收	市盈(动)	总金额	量比
1	002569	步森股份	*10.02	—	1.86	20.43	20.43	0	0	0.00	—	—	—	—	18.57	296.99	0.0	122.17
2	300479	神思电子	10.01	—	4.12	45.28	45.28	0	0	0.00	—	—	—	—	41.16	62.01	0.0	120.60
3	300469	信息发展	10.01	—	4.17	45.84	45.84	0	0	0.00	—	—	—	—	41.67		0.0	83.67
4	002010	传化股份	9.99	—	1.46	16.08	16.08	0	0	0.00	—	—	—	—	14.62	49.87	0.0	79.09
5	600828	成商集团	10.01	—	0.95	10.44	10.44	0	0	0.00	—	—	—	—	9.49	37.16	0.0	63.26
6	000810	创维数字	-10.00	—	-2.36	21.23	21.23	0	0	0.00	—	—	—	—	23.59	84.92	0.0	55.24
7	601968	宝钢包装	2.37	—	0.30	12.98	12.98	0	0	0.00	—	—	—	—	12.68	117.36	0.0	39.40
8	300049	福瑞股份	-9.99	—	-8.50	76.55	76.55	0	0	0.00	—	—	—	—	85.05	351.19	0.0	37.40
9	000687	恒天天鹅	-10.02	—	-1.83	16.43	16.43	0	0	0.00	—	—	—	—	18.26		0.0	33.20
10	002766	索菱股份	-9.96	—	-3.08	27.84	27.84	0	0	0.00	—	—	—	—	30.92	93.07	0.0	27.57
11	601211	国泰君安	-0.70	—	-0.22	31.00	31.00	0	0	0.00	—	—	—	—	31.22	20.99	0.0	25.98
12	002175	广陆数测	-10.00	—	-5.62	50.56	50.56	0	0	0.00	—	—	—	—	56.18	5871.80	0.0	23.67
13	002761	多喜爱	-9.99	—	-2.69	24.24	24.24	0	0	0.00	—	—	—	—	26.93	104.98	0.0	23.39
14	300014	亿纬锂能	-9.99	—	-2.54	22.89	22.89	0	0	0.00	—	—	—	—	25.43	92.78	0.0	23.03
15	600715	*ST松江	-5.01	—	-1.68	31.88	31.88	0	0	0.00	—	—	—	—	33.56		0.0	22.89
16	300472	新元科技	-10.00	—	-3.36	38.64	38.64	0	0	0.00	—	—	—	—	42.00	109.01	0.0	22.52
17	300417	南华仪器	-10.00	—	-8.02	72.16	72.16	0	0	0.00	—	—	—	—	80.18	150.35	0.0	22.03
18	002579	中京电子	-10.00	—	-1.51	13.60	13.60	0	0	0.00	—	—	—	—	15.11	907.69	0.0	19.73
19	601058	赛轮金宇	-10.04	—	-1.06	9.50	9.50	0	0	0.00	—	—	—	—	10.56	86.15	0.0	19.28
20	002251	雅本化学	-9.99	—	-2.24	20.20	20.20	0	0	0.00	—	—	—	—	22.44	106.37	0.0	18.54
21	002626	金达威	-1.15	—	-0.21	18.00	18.00	0	0	0.00	—	—	—	—	18.21	63.14	0.0	17.92
22	600732	*ST新梅	-5.00	—	-0.45	8.55	8.55	0	0	0.00	—	—	—	—	9.00		0.0	16.66
23	002765	蓝黛传动	-9.99	—	-2.35	21.17	21.17	0	0	0.00	—	—	—	—	23.52	61.65	0.0	16.58
24	002760	凤形股份	-9.15	—	-3.01	29.88	29.88	0	0	0.00	—	—	—	—	32.89	71.24	0.0	16.42
25	000503	海虹控股	-10.01	—	-4.60	41.37	41.37	0	0	0.00	—	—	—	—	45.97		0.0	16.24
26	000510	*ST金路	4.99	—	0.35	7.40	7.40	0	0	0.00	—	—	—	—	7.05		0.0	15.69
27	600382	广东明珠	-9.99	—	-1.67	15.05	15.05	0	0	0.00	—	—	—	—	16.72	99.86	0.0	14.92
28	002520	日发精机	-10.00	—	-3.28	29.53	29.53	0	0	0.00	—	—	—	—	32.81	225.55	0.0	14.59
29	300217	东方电热	-9.98	—	-1.46	13.17	13.17	0	0	0.00	—	—	—	—	14.63	69.06	0.0	14.35

图2-8　2015年6月30日集合竞价量比榜

　　经比较，步森股份（002569）符合量比最大、涨幅最大的两个之最的特征，优选步森股份，在开盘后迅速买入。至2015年6月30日收盘，步森股份涨停，

如图 2-9 所示。

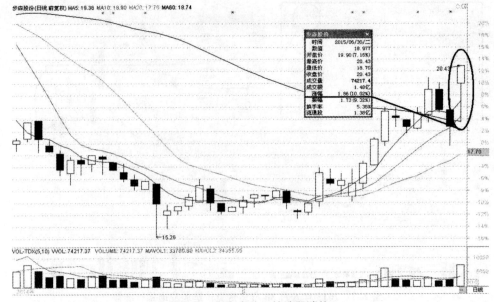

图 2-9　集合竞价两榜选股涨停

　　如果盘口委买有大单堆积，说明庄家稳定股价积极进攻没有高开洗盘的迹象，如果该股多周期技术完美，可坚决买进。这样的股票，往往是当日市场的焦点，出击是九生一死的机会。

　　（2）集合竞价时，同时处于涨幅榜和量比榜，而不在资金流向榜上，该股可能盘子小。只要要点同上，也是最佳的出击机会。

　　（3）集合竞价时，不在涨幅榜上，但同时在量比榜和资金流向榜上，或只在两榜之一，只是高开不多。只要要点同上，也是出击的最佳机会。

点金箴言

　　需要说明的是，由于受到挂单和撤单原则的影响，投资者在竞价中如果看中某只股票，最好的挂单时间选择在 9：20~9：25 之间，且越接近 9：25 越好。如果在 9：20 之前已经下手挂单，即使你发现庄家开始连续撤单也为时已晚，当天被套的概率随之加大。另外，在集合竞价中捕捉黑马股的时候，一般选择在市场相对强势的时候，熊市中尽量减少操作。因竞价中的一些细节问题以及个人看盘能力的影响，竞价没有完全看明白时不进行重仓操作。

第二节　分时走势图捕捉黑马股

一、分时走势图的基础知识

所谓分时走势图，也叫即时走势图，它是把股票市场的交易信息实时地用曲线在坐标图上加以显示的技术图形。坐标的横轴是开市的时间，纵轴的上半部分是股价或指数，下半部分是成交量。分时走势图是股市现场交易的即时资料，一般又可以分为大盘指数分时走势图与个股分时走势图。

由于分时走势图表现了一个完整的股价运行周期，投资者在观察分时图时常常会发现一些特殊的现象，例如股指（股价）的高开或低开，盘中的急拉或急跌，尾盘的急拉或快速打压。这些特殊现象往往会透露出庄家的真实意图，对于擅长短线操作的投资者来说，研究分时走势图是相当重要的。通过对分时走势图的研究，能够发现当天庄家的操作意图，找出黑马，并以此来制定相应的操作对策。

二、典型分时走势图抓黑马

对于新入市的投资者来讲，应该熟悉和掌握一些比较实用的盯盘技术。在实战中，观察日内即时走势，有利于投资者寻找到庄家的踪迹，更好地规避风险，获取更大的利润。概括来讲，比较典型的实时走势图有以下几个：

1. 开盘涨停式

开盘涨停式多出现在牛市氛围中，某只股票因传闻利好，或者处于庄家拉升阶段，开盘即告涨停。对于开盘即涨停的个股，可通过周线、月线分析其前期的走势，看是否有庄家建仓。如果确定开盘涨停是庄家建仓后的首次拉升，则毫无疑问发现了黑马。投资者不要被涨停所吓倒，可放心追高。一般而言后面至少还有两三个涨停。如果是牛市初期，后面有五六个甚至七八个涨停板都不稀奇。如图 2-10 所示。

图 2-10 开盘涨停式

2. 火箭发射式

火箭发射式的出现，多是由于突发利好或者是庄家震荡出货所致。对于新入市的投资者而言，可以结合日 K 线图加以辨别，并密切关注后市发展。若属行情启动初期，极可能是黑马，投资者可以择机介入。但如果是已经有较大的升幅，则投资者应该小心为妙。如图 2-11 所示鸿利光电（300219）。

3. 强力推升式

强力推升式多见于强庄个股的主升行情中，筹码基本为庄家所控制，庄家采用近似 45 度线向上推升，以吸引散户跟风，投资者若跟进则需要注意止损点的设定。另外，投资者还需要注意该股的价位处于什么位置。如果位于高价位区，那么投资者最好还是避开。如图 2-12 所示。

4. 阶梯上升式

阶梯上升式多见于庄家拉升吸筹阶段，每次拉升均有较大的成交量配合。对于这种走势，投资者可以大胆跟进，如图 2-13 所示。

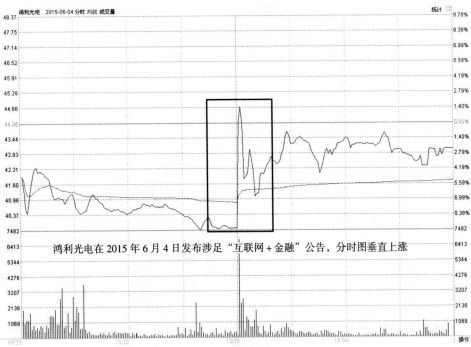

图 2-11　火箭发射式

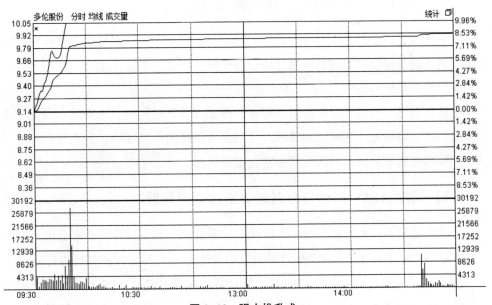

图 2-12　强力推升式

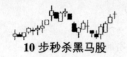

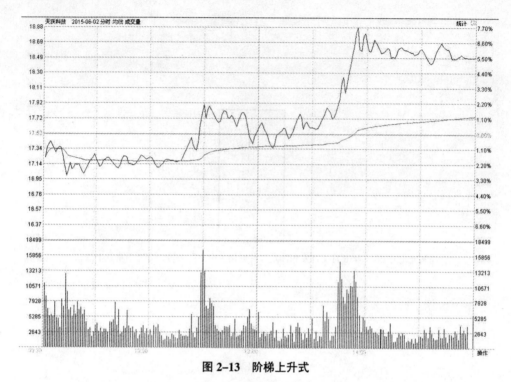

图 2-13　阶梯上升式

三、关注大盘分时走势的区间涨幅排名

一般而言，通过对大盘分时走势的区间涨幅排名分析，投资者能够在短时间内找到当前涨幅位居前列的股票板块以及个股，而这种做法在上升行情中所发挥的实战价值是极高的。

具体来讲，选择区间统计时，可在沪市或深市分时图中，选择某一段上升走势或下降走势来统计区间涨幅排名。按照强者恒强的市场规律，在大盘上升走势中，涨幅排名靠前的板块或股票通常会走得更远。

四、借助 OBV 指标与分时走势图捕捉黑马股

通常情况下，主力资金的介入构成一只股票的上涨，具体到一家上市公司庄家可以用 100 个甚至 1000 个账户隐瞒自己的持仓量，但他无论如何也隐瞒不了"买人"这个动作，监测这个动作的就是 OBV。洞悉 OBV 的技术意义犹如拥有 X 光机，将隐藏在 K 线图背后的庄家看个一清二楚，一有拉升迹象立刻跟进，一有出逃迹象立刻撤离，必成大赢家。

以中线黑马为例，OBV 趋势始终向上，保持横盘或上升。上一波放量推升但涨幅不大，回调中量能萎缩，呈疲弱状，但 OBV 继续上升或呈水平状运动，反映主力仍在其中，随时将展开拉升行情。这种拉升因筹码锁定而体现为大幅飙升，是获利良机。图 2–14 为新农开发（600359）的 K 线图，2015 年 6 月 12~24 日量能萎缩，OBV 横盘整理，已符合黑马股的买入条件，6 月 25~29 日股价连续三日大涨 27.27%。

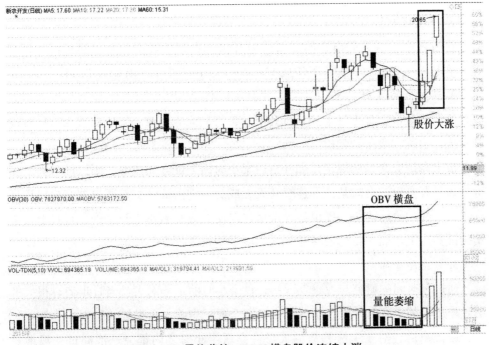

图 2-14　量能萎缩，OBV 横盘股价连续大涨

就 OBV 指标而言，其主要是通过观察日线，然而，分时图上 5 分钟、15 分钟、30 分钟和 60 分钟线同样极具参考价值。在日线图相似的情况下，以分时图同步走强者为首选。事实上，这也是区分领涨股和跟涨股的秘诀。

点金箴言

需要提醒投资者的是，盘中容易产生变盘的几个时间点：10：00、10：30、11：30、14：00 和 14：30，所以，要注意这些变盘点大盘分时走势的变化。

第三节　早盘捕捉黑马股

一、认识早盘

1. 早盘的概念

在股市中，每天股市开始交易称为开盘。中国的股市开盘时间是周一到周五，早上从9：30~11：30，下午从13：00~15：00，中国所有地方都一样。

2. 开盘价的概念

所谓开盘价，是指每个交易日开市后，每只证券的第一笔成交价为该证券的开盘价，也称"股市开盘价"。

按上海证券交易所规定，如开市后半小时内某证券无成交，则以前一天的盘价为当日开盘价。有时某证券连续几天无成交，则由证券交易所根据客户对该证券买卖委托的价格走势，提出指导价格，促使其成交后作为开盘价。首日上市买卖的证券经上市前一日柜台转让平均价或平均发售价为开盘价。

3. 开盘半小时

通过长时间的研究与观察发现：开盘半小时的走势对大盘当日走势有很大的诱导作用，甚至有时开盘半小时的走势完全成了当天大盘走势的翻版。

通常来讲，对于上涨趋势的大盘开盘后半小时之内都会一浪高过一浪地攀高，攀高到10点，如果继续攀高，说明当天大盘震荡走高，股指大涨；如果10点后大盘掉头向下，可预期尾市大盘有短线回吐压力，但全天的上涨趋势是肯定的。以上两种情况是最典型的大盘上涨信号，如图2-15所示。

开盘30分钟还可以进一步分解，具体来讲，可分为第一个10分钟、第二个10分钟、第三个10分钟：

（1）第一个10分钟。多空双方之所以重视开盘后的第一个10分钟，是因为此时盘中买卖量都不是很大，因此用不大的量即可以达到预期的目的，庄家通过集合竞价跳空高开拉高或跳空低开打压，借此测试抛压和跟风盘多寡，借以对当日操作计划进行修正。

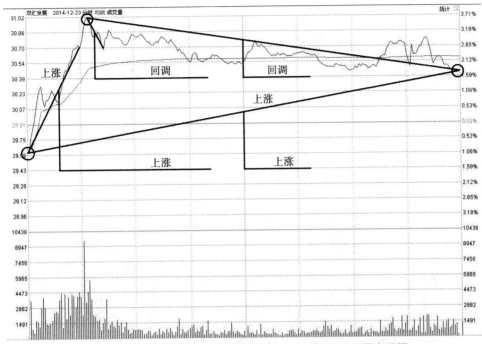

图2-15　早盘30分钟上涨则全天上涨，10点后下跌则尾盘回调

（2）第二个10分钟。多空双方进入休整阶段的时间，一般会对原有趋势进行修正，如空方逼得太猛，多头会组织反击，抄底盘会大举介入；如多方攻得太猛，空头也会予以反击，获利盘会积极回吐。因此，这段时间是买入或卖出的一个转折点。

（3）第三个10分钟。因参与交易的人越来越多，买卖盘变得较实在，虚假的成分较少，因此可信度较大，这段时间的走势基本上为全天走向奠定了基础。此时投资者应密切注意个股的量价关系是否配合，委买单与委卖单的多少，研判大势是"走多"还是"走空"。一般而言，开盘委比达到2倍以上，显示人气旺盛，短线资金入场；反之，离场观望。如二者相差不大，则需观察是否有大手笔委托（买卖）单，同时应结合前期量价趋势加以分析。

图2-16为2015年4月16日三木集团的开盘前30分钟的K线走势图，从中可明显看出前中后三个10分钟的走势变化，并且30分钟走势图基本上与当日的走势吻合。

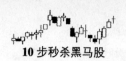

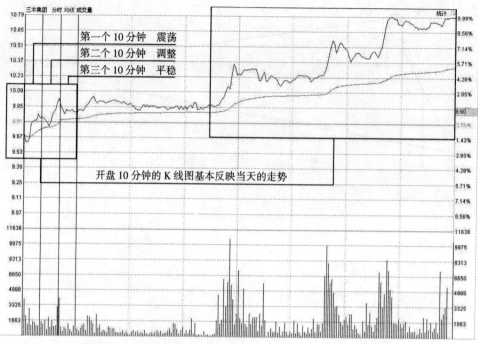

图 2-16　三木集团 2015 年 4 月 16 日开盘前 30 分钟的走势图

有一种基于开盘前 30 分钟分时线细分的衍生方法值得学习：

第一，如果是 9：40、9：50、10：00 与原始起点（9：30）相比，三个移动点皆比此点高（俗称开盘三线连三上），则表明当天的行情趋好的可能性较大，一般日 K 线会收阳线，因为它表明多头势力强劲，收阳线概率大过 90%，但如果 10：30 以前成交量放天量，则为庄家或机构有故意拉高或拉高出货之嫌，如出现此情况应以出货为主，如图 2-17 所示。

第二，如果是 9：40、9：50、10：00 三个移动点与原始起点（9：30）相比，9：40、9：50 两个移动点比原始起点高，而另一个移动点比原始起点低（俗称开盘三线二上一下），是表示当天行情买卖双方皆较有力，行情以震荡为主，多方逐步占据优势向上爬行。

第三，如果是 9：40、9：50、10：00 三个移动点与原始起点（9：30）相比，其中 9：40 这个移动点比原始起点低，而另外两个移动点比原始点高（俗称开盘三线一下二上），则表示当日空方的底线被多方击破，反弹成功并且将是逐步震荡向上的趋势。

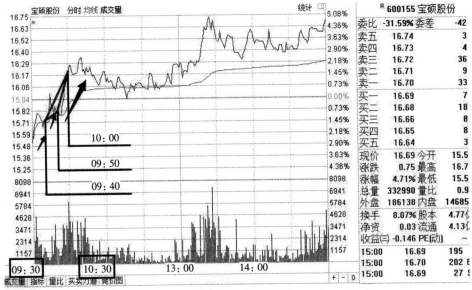

图 2-17　开盘三线

二、早盘捕捉黑马股的实战技巧

在早盘阶段，对于黑马股的捕捉，投资者可从以下几点加以考虑：

第一，在开盘前，将各种渠道得来的可能涨的个股输入自选股，严密监视；在开盘价出来后，判断大盘当日走势，如果没问题可选个股；快速浏览，从中选出首笔量大，量比大（越大越好）的个股；快速看这些个股的日（周）K 线等技术指标，复选技术上支持上涨的个股；开盘成交时，紧盯以上有潜力的个股，若成交量连续放大，量比也大，观察卖一、卖二、卖三挂出的单子都是三四位数的大单；如果该股连续大单上攻，应立即打入比卖三上的价格更高的价买进（有优先买入权且通常比你出的价低些而成交）；通常股价开盘上冲 10 多分钟后都有回档，此时看准个股买入，能弥补刚开盘时踏空的损失；若经验不足，在开盘 10~15 分钟后，综合各种因素，买入具备以上条件的个股更安全。

第二，在开盘后，应立即查看委托买进笔数和委托卖出笔数的多寡。通常一开盘委买大于委卖单达 2 倍以上，显示市场人气旺，短线可买入，反之则代表空方强大，当日做空较为有利，开盘后若委买和委卖相差不大，在观察是否有大笔委托单的同时还应结合前期量价趋势来分析判断。如开盘价在前密集成交区和强技术位放量冲高，应立即买入；倘若平开高走，应视为热门股炒作信号。

第三，市面上"利好"或"利空"传闻最多之时，也是机构利用开盘大举造市的时候，开盘后半小时的行情对市场人气的聚散有着特别影响。一般情况下，每日开盘半小时内涨停的个股大部分具有追的价值。每日 9：26 左右，沪深大盘开盘时立即找一找有没有开盘即涨停的个股：若有，立即查看买一位置上是否有数千手涨停价买盘，切至 K 线图看看有没有上涨的基础、近期是否为第一个涨停，然后立即以涨停价买入，如图 2-18 所示。

图 2-18　开盘半小时涨停个股（近期首个涨停），后市看好

点金箴言

需要提醒投资者的是，在具体操作中还要关注前收盘价的支撑力量。前收盘价是前一交易日，多空双方搏击结果的真实记录。它对股价的支撑力度反映着前一交易日多方意图在当前盘中的延续状况。股票处于拉升过程中，一般不会跌破前收盘价，偶有跌破也会被迅速拉起。如果前收盘价支撑乏力，轻易被跌穿，并较长时间不被拉起，捕捉涨停板意义不大。如果在盘中情况相反，则在股价突破前次高点时果断介入。

第四节 盘中捕捉黑马股

一、认识盘中

在一日的交易中，除去开盘、开盘半小时及尾盘、尾盘半小时之外，其余的时间都可以看做盘中。

一般来讲，在 10：00~11：30 和 13：00~14：30 这两个阶段，存在着两个休市时间段，其中上午盘就是 10：15~10：30，在经历了前期修正开盘和多空拼杀之后，日内趋势慢慢趋于稳定，而这 15 分钟的休市阶段，让投资者更多地对后市交易重新进行思考，10：30 就成为市场日内后市走向的一个重要观察点或者操作点。受中午国内休市 2 小时的影响，下午 13：00 的开盘价主要受以下因素影响：中午外盘的走势状况；对午间市场新信息的反映；对日内前期走势的强化。这三方面的因素结合在一起共同决定了下午的开盘价以及午盘后的走势状况，但在没有重大利多和利空影响的条件下，午盘后的走势主要以强化日内前期走势为主。

在盘中阶段，通常可划分为以下几个阶段：

1. 多空搏斗

如果说开盘仅仅是拉开一日股市序幕，那么，盘中则是多空双方正式交手的开始。指数、股价波动的频率超高，则表明多空双方的搏斗激烈。若指数、股价长时间平行，则表明多空双方退出观望，无意恋战。

2. 多空决胜

多空双方经过激烈拼斗，此时已打破相持不下的僵局，大盘走势出现明显的倾斜。若多方占优，则步步推高；若空方占优，则每况愈下。占优方将乘胜追击，扩大战果，另一方见大势已去抵抗力明显减弱。此时，往往是进出的最佳时机。早了，涨跌莫测，充满风险；迟了，痛失良机，后悔莫及。就多空决胜而言，其组成因素可归纳为以下几点：

（1）指标股的表现。所谓指标股，是指在股市起着聚集市场人气，领导价格升涨的股票。如沪市的"陆家嘴"、深市的"深发展"等。另外，还有一些被称为指数股的超大盘股在股市中曾经也起着指标股的作用。指标股通常能受到数家大主力的关照，指标股股价一旦发动起来，往往会有一段坚挺而持续的升涨行情，因而在指标股启动初期及时购进，通常总能获得一段较稳定的差价。

通常情况下，指标股涨势强劲，大盘无下跌之理；指标股萎靡不振，大盘必然下沉。多头指标股沦为空头指标股，则大盘跌速加快，故指标股历史为多空双方争夺重点。

（2）涨跌家数。涨家多于跌家，且分布平均，涨家势众，空方无隙可乘，收盘指数上涨；反之，空方占优，终成跌势。观察涨跌家数，辨别多空力量的最佳时间为收盘前一小时，即多空决胜后期。

需要说明的一点是，涨跌家数是动态的，前一个交易日的涨跌家数，对后一天的涨跌家数是没有任何影响的。

（3）波动次数。股指波动振幅大，次数多，在跌势中则说明趋于上涨，在涨势中则说明趋于下跌。一般一个交易日中，有7次以上的较大波动，有反转契机。

3. 多空强化

将14：30前盘中出现的最高和最低点描出并取其中间值为标准，如果此时指数在中间值和最高点中间，则涨势会进一步强化，尾市有望高收。若此时指数在中间值和最低点之间则往往会导致"杀尾盘"，如图2-19所示。

多空强化是盘中的最后阶段，在经过多空双方激烈的拼斗后，形势已经明朗，盘末会出现强者更强，弱者更弱的局面。

二、盘中捕捉黑马股的实战技巧

在盘中阶段，对于黑马股的捕捉，投资者可从以下几点加以考虑：

第一，开盘便涨1%以上，上午收盘时，已涨了5%左右，外盘最好比内盘大2倍以上，委比绝大多数时间为正数，股价线在大多数时间内走在股价平均线之上，成交量很大，这样的个股往往较易涨停。开盘便涨1%以上，直到14：30，股价涨幅几乎都在1%~3%波动，股价线与股价平均线缠在一起或平行，成交量较大，此时若外盘远大于内盘，大得越多越好，此种个股尾盘易涨停。对于上述这两种股票，投资者都要予以重视，如图2-20所示。

图2-19 多空强化确定尾盘走势

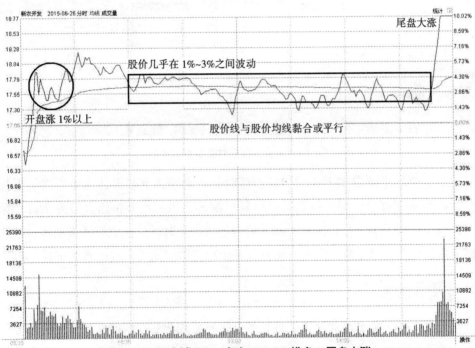

图2-20 开盘涨1%，盘中1%~3%横盘，尾盘大涨

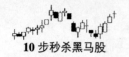

第二，从实战的情形来看，如果股价处于中低位，量能明显放大，连续出现大买单的股票中，有盘中拉升的机会。尤其是股价离开重阻力位远的，可能出现较大的短线机会。

第三，从上压板、下托板看主力意图和股价方向。大量的卖盘挂单俗称上压板；大量的买盘挂单俗称下托板。无论上压下托，其目的都是为了操纵股价，诱人跟风，且股票处于不同价区时，其作用是不同的。若出现了上压板而股价却不跌反涨，则主力压盘吸货的可能性偏大，往往是大幅涨升的先兆。图 2-21 为2015 年 4 月 24 日中国国航（601111）出现上压板，股价不跌反涨，此时跟进，股价将大涨三日。

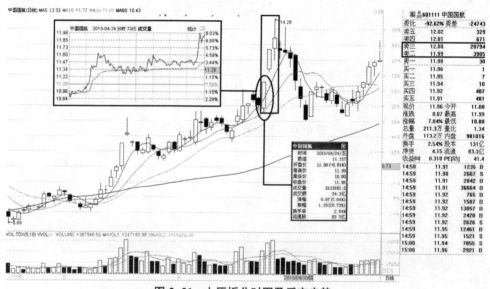

图 2-21　上压板分时图及后市走势

当股价处于刚启动不久的中低价区时，主动性买盘较多，盘中出现了下托板，说明庄家有意做多，投资者可以伺机跟进。当股价升幅已大且处于高价区时，盘中出现了下托板，但走势却是价滞量增，此时要留神庄家诱多出货；若此时上压板较多，且上涨无量时，则往往预示顶部即将出现，股价将要下跌。

点金箴言

盘中走势反映出当日投资者的交易价格和交易数量，体现出投资者的买卖意愿，是最基本的走势。为了能更好地把握股价运行的方向，投资者有必要看懂盘中走势，再结合其他因素综合研判。事实上，看盘最需要关注的是开盘价、收盘价、盘中走势、挂单价格、挂单数量、成交价格、成交数量和交投时间等。关注开盘和收盘是为了提前把握在日线中产生的形态，关注盘中走势是为了把握当日股价运行的方向，关注成交的价格数量是为了掌握买卖双方的意愿，关注时间是为了掌握市场的节奏和活跃程度。如果将这些因素综合起来分析，我们就会得出总体的盘面感觉。通过上面的看盘和分析，我们可以及时从盘面的变化中发现股价运行的方向，从而指导我们进行必要的买卖操作。

第五节 尾盘捕捉黑马股

一、认识尾盘

1. 尾盘的概念

所谓尾盘，也可以称为盘尾，是指收盘前半小时的盘面表现。开盘是序幕，盘中是过程，收盘才是定论。盘尾是多空双方一日拼斗的总结，故收盘指数和收盘价历来为市场人士所重视。当前庄家机构都喜欢在尾盘、周线、月线、年线收盘前对持仓个股或者大盘进行尾盘控制，以达到技术上的骗线目的，制造多头或空头陷阱。也有的机构为了提高持仓市值而人为地造势，这些多数在尾盘完成，因为这样既能达到目的，又能节省成本。

事实上，尾盘的重要性，还基于众多的技术指标也都是在考察收盘价的基础上寻找规律。尾盘所起的作用是承前启后，既能回顾前市又可预测后市。

2. 收盘价

在股市中，成交量与股价的关系（简称量价关系）历来受到技术分析派的重视。而在成交价四个重要指标（开盘价、最高价、最低价和收盘价）中，最重要的就是收盘价。这是因为在计算各种技术指标中，用得最多的往往是收盘价。所以，就会出现庄家做收盘价的情况，比如尾盘拉高、尾盘打压。

3. 尾盘效应

一般情况下，投资者往往认为收盘前 30 分钟或者 15 分钟为尾盘。尾盘效应

特别是最后 30 分钟大盘的走向，若在下跌过程中出现反弹后又掉头向下，尾盘可能会连跌 30 分钟，杀伤力很大。若最后 30 分钟大势向上，则当日收在高处几乎可以成为定局。这一尾盘效应也可以应用于对中午收市前走势的研判。在发现当日尾盘将走淡时，应积极做好减仓的准备，以回避次日的低开；当发现尾盘向好时，则可适量持仓，以迎接次日高开。如图 2-22 所示。

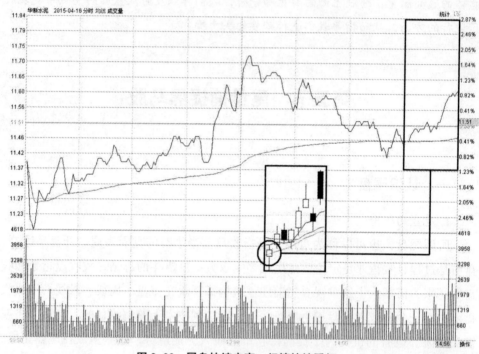

图 2-22　尾盘持续走高，行情持续看好

4. 尾盘修正

中午的前市收盘是多空双方都进入休整的时间，为后市的争夺进行充分的准备。但是前市尾盘的最后一轮波动，就能看出多空双方的力量强弱；因此依据前市尾盘可修正一些由主观造成的误差，这样可以更客观地对次日走势做出判断。

（1）如果用前市收盘值与最高值、最低值、中间值相比较，前市收盘值在最高值与中间值之间时，则表示尾市多方将强于空方，那么股市将震荡上涨，也可能再创新高。如图 2-23 所示。

（2）如果用前市收盘值与最高值、最低值、中间值相比较，前市收盘值在最低值与中间值之间时，则表示尾市空方将强于多方，股市会成下跌形式。

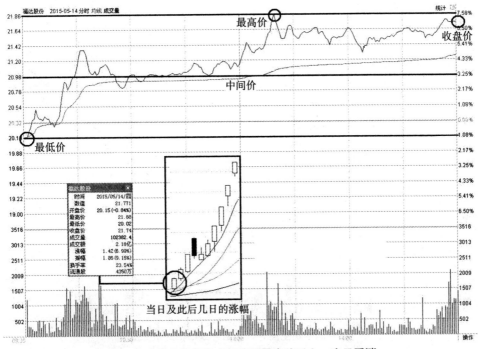

图 2-23 收盘价收于中间价和最高价以上，次日看涨

二、尾盘捕捉黑马股的实战技巧

1. 关注有突破性缺口的股票

一般情况下，经过长时间横盘打压振仓吸筹的股票，一旦爆发上升行情，都会在股价形态上出现突破性缺口，当发现这种缺口股票时，要先观察一下这些缺口。因为真正有实力的庄家一般都不会回补缺口，投资者等到临收市 10 分钟基本上确定不能回补缺口时，才打单跟进。这样做有两个好处：一方面确认该股有效突破，上升有保证；另一方面还可以买到一个较低价，避免盲目追高，如图 2-24 所示。

2. 尾盘出现急拉的股票

如果在大市和个股都处于低位时，部分主力机构入场吸筹拉升，尾盘拉升的目的是收集筹码。股市资金流向指标可有效判断主力在尾市逆市拉高股价，给产生获利了结或止损离场者一个高价退出的机会，这样很容易收集到筹码。这一收集筹码招数往往会在主力入庄整个收集筹码过程中断续出现多次。通常情况下，股票尾盘拉升幅度不会超过 5%，因为此时的机构不希望暴露自己入庄的行踪。

图2-24　跳空高开，未回补缺口，后市大涨

当然在遇到上市公司马上就要公布利好消息等已不允许主力慢慢收集筹码的情况下，主力有时会一口气拉出巨大涨幅甚至以涨停的方式收集筹码，如图2-25所示。

在实际操作中，如果股价在上涨的中途出现这种尾市拉升，那么最大的可能是主力拉升股价的前兆。如果股价次日走强，投资者就要及时跟进，并且尽量在股价出现尾市拉升的当天追进；如果这种走势出现在个股的低位时，投资者可以先不要急于入场操作，因为这可能只是主力的一个试盘动作，股价是否出现马上拉升，还需要看盘面的动态。此时，可以观察股价第二个交易日的走势情况，如果第二个交易日股价能够走强，盘面表现强劲，那么就可以入场买进；否则就要继续等待，一旦股价出现放量上涨，则可果断买进。

3.尾市抢盘

在涨势中尾盘价升量增，是人气旺盛的征兆，也叫做尾市抢盘。如5日乖离率小于+5，投资者可大胆追涨买入，次日仍会高开高走。即使是5日乖离率大于+8，这种盘面次日也会高开上冲，短线仍有机会。如图2-26所示。

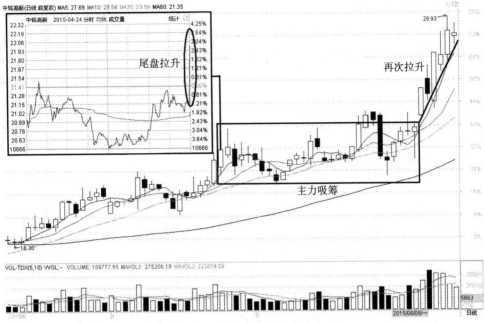

图 2-25　尾盘拉升吸筹后再次拉升

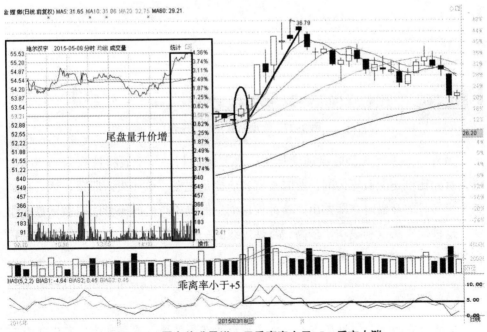

图 2-26　尾盘价升量增 5 日乖离率小于+5，后市大涨

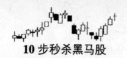

4. 尾盘瞬间下砸

在全日收盘前一分钟（14：59）突然出现一笔大卖单，把股价砸至极低位。这样做的目的一般有两个：一是使日 K 线形成无下影线的大阴线、十字星或阴线等图形，达到让持股者恐慌抛售的目的。二是使股价第二天能够高开并大涨而跻身升幅榜，吸引投资者的注意。尾盘打压往往是次日大涨的标志，短线投资者可以密切关注。如图 2-27 所示。

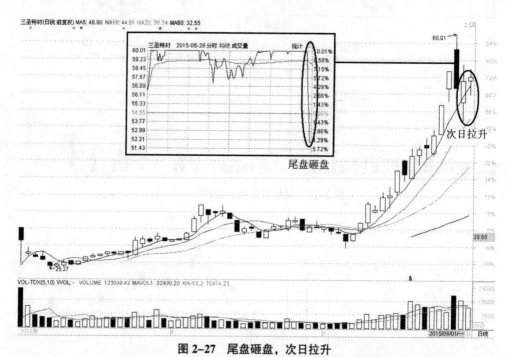

图 2-27　尾盘砸盘，次日拉升

另外，如果当天临收盘前突然传出将要降低利率，个股将被收购或利润大增，有高比例送配股等传闻。此时投资者应捷足先登，抢先买入股票，然后在第二个交易日的开盘时立即抛出，这种根据消息做隔夜行情的操盘法叫做尾盘操作法。这种操作法获利成功率较高，是炒短线的一个可取方法，对目前处于"T+1"交易制度下股市的投资者更具有实用性。

点金箴言

需要说明的是，根据尾市看盘决策买卖也有局限性，首先盘面的变化是否有消息影响无法确定，跟风出错难免造成亏损。其次，过于看重尾市炒作技巧容易

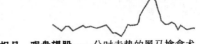

使人目光短浅，常常为蝇头小利搏杀。所以，这一策略通常在股市跌幅很大之后或经过一段较大的上升行情时采用的成功率相对较大。由于现在实施 T+1 的交易方式，当日买进的股票不能卖出，所以上午买进承担的风险相对较大，根据尾市看盘再做决策，即使买进股票，第二日一早随时可以抛出，风险相对减少。

第三步　波浪炼金，因时制宜

——用波浪理论捕捉黑马股

第一节　波浪理论概要

一、波浪理论概要

1. 波浪理论的概念

所谓波浪理论，是技术分析大师艾略特所发明的一种价格趋势分析工具，它是一套完全靠观察得来的规律，可以用来分析股市指数、价格的走势，它也是世界股市分析上运用最多，而又最难了解和精通的分析工具。艾略特认为，不管是股票还是商品价格的波动，都与大自然的潮汐、波浪一样，一浪跟着一波，周而复始，具有相当程度的规律性，展现出周期循环的特点，任何波动均有迹可循。

一些股票大师和证券专业人士都曾成功用波浪理论预测到历次股市的顶部和阶段性顶部的点位，因此波浪理论在业内广受推崇。因此，投资者可以根据这些规律性的波动发现黑马，预测价格未来的走势，在买卖策略上适用。

2. 波浪理论的特点

一般而言，波浪理论的特点主要可以归纳为以下几点：

（1）股价指数不会一直上升，也不会一直下跌，而是在上升与下跌之间交替发展。

（2）推动浪和调整浪是价格波动两个最基本的形态，而推动浪（即与大市走向一致的波浪）可以再分割成五个小浪，一般用第 1 浪、第 2 浪、第 3 浪、第 4 浪、第 5 浪来表示，调整浪也可以划分成三个小浪，通常用 A 浪、B 浪、C 浪表示。图 3-1 为中国船舶 2010 年 7 月至 2011 年 10 月小牛市的波浪理论图。

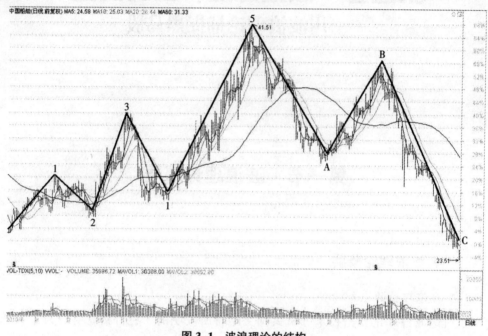

图 3-1　波浪理论的结构

（3）在上述八个波浪（五上三落）完毕之后，一个循环即告完成，走势将进入下一个八波浪循环。

（4）无论股价上涨、下跌的幅度多大或多小，也无论时间多长或多短，都不会改变波浪的形态。因为市场仍会按照基本形态发展，波浪可以延长，也可以缩短。但基本形态永远不会改变，改变的是涨跌的幅度和运行时间。

总之，波浪理论可以用一句话来概括：八浪循环。

二、波浪的形态分析

通常来讲，波浪的形态分析主要有以下几点：

1. 第 1 浪

几乎半数以上的第 1 浪，是属于营造底部形态的第一部分，第 1 浪是循环的开始，由于这段行情的上升出现在空头市场跌势后的反弹和反转，买方力量并不强大，加上空头继续存在卖压，因此，在此类第 1 浪上升之后出现第 2 浪调整回落时，其回档的幅度往往很深；另外半数的第 1 浪，出现在长期盘整完成之后，在这类第 1 浪中，其行情上升幅度较大，凭经验看来，第 1 浪的涨幅通常是 5 浪中最短的行情。

对于第 1 浪，投资者一定要有足够的耐心，特别是第 1 浪开始前要有足够的耐心。这一时期为庄家建仓期，要仔细观察各股动向，一旦选中要耐心等待或持有，可以缓慢买套。满仓后更要耐心，往往初期的上涨是非常缓慢的。一个月的涨幅也不超过 10%，其实庄家此时还在加仓，同时消耗投资者的耐心。第 1 浪后期才出现一定幅度的快速上涨，幅度一般在 30%~50%，甚至更高。如图 3-2 所示。

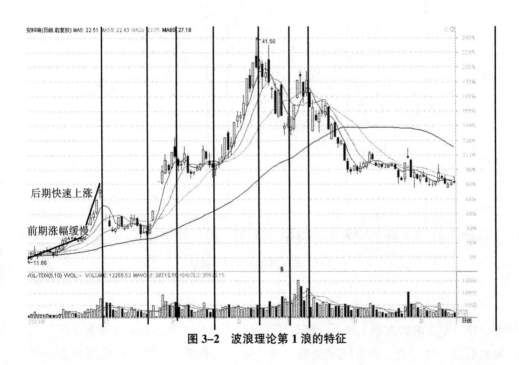

图 3-2 波浪理论第 1 浪的特征

2. 第 2 浪

第 2 浪是对第 1 浪升幅的调整，其成交量比第 1 浪明显萎缩，庄家诱空吸筹，惜售很明显，成交量明显减少。在此浪中经常出现图表中的转向形态，如头底、双底等。

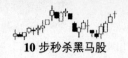
3. 第3浪

第3浪是涨势最大、爆发力最强的上升浪，而且，这段行情持续的时间与幅度经常是最长的，市场投资者信心恢复，成交量大幅上升，常出现传统图表中的突破信号，例如缺口跳升等，这段行情走势非常激烈，一些图形上的关卡，非常轻易地被穿破，尤其在突破第1浪的高点时，是最强烈的买进信号，由于第3浪涨势激烈，经常出现延长波的现象。如图3-3所示。

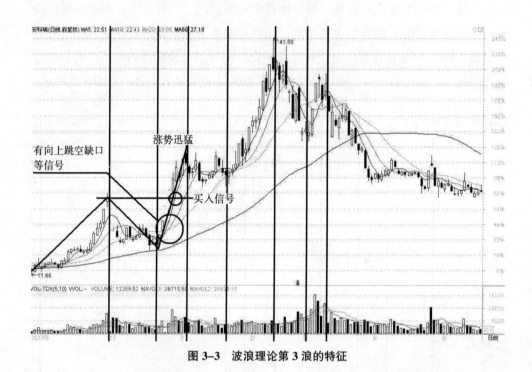

图3-3 波浪理论第3浪的特征

4. 第4浪

经过第3浪的大幅上涨后，多数股价已处于高位，先知先觉者获利丰厚；庄家对后市分歧较大，多方庄家吸货，看空的庄家则派发离场，由此形成多空平衡。第4浪通常多以复杂三角形形态出现。第4浪和第2浪调整有很强的互换性，如第2浪以简单形态出现，第4浪调整就以复杂形态出现，反之亦然；时间也是这样，若第2浪调整时间过长，则第4浪时间就比较短，如图3-4所示。

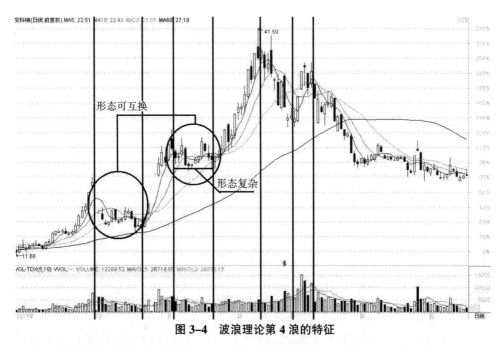

图 3-4　波浪理论第 4 浪的特征

5. 第 5 浪

在股市中第 5 浪的涨势通常小于第 3 浪，且经常出现失败的情况，在第 5 浪中，市场情绪表现相当乐观，如图 3-5 所示。

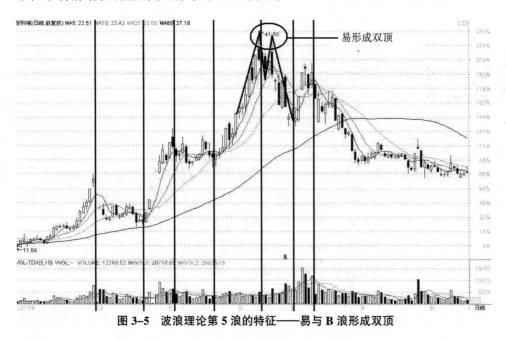

图 3-5　波浪理论第 5 浪的特征——易与 B 浪形成双顶

通常情况下，大多数波都有一个且只有一个波中出现延长。因此，如果第一和第三波长度大致相同，则第五波就犹如一个不断延长的梯子，特别是当第五波长于第三波时，基本都会出现第五波延长。当然，反过来，如果第三波发生延长，那第五波则是一个单一的波。如果第五波发生延长，那么就有着两重的调整特性，可解释为当第五波发生延长完结时，第三波向下调整将到延长开始位置附近，随后又返回至延长的完结点位置，此后将有两种情况出现，即重新形成一个顶部："双顶"，或在延长的完结位置盘旋调整，以积蓄转势的动能。

6. 第 A 浪

在波浪理论中，调整浪是较复杂而且比较难掌握的部分。股票市场不仅怕盘整，更怕调整。因为在上升或下跌途中，只要趋势明显，投资者跟着走就可以了。但是，在何时出现调整，调整到什么程度，而且调整浪正在运行时无从知道它将在何时结束。任何一个调整浪都是推动浪的调整，要么是第 2 浪，要么是第 4 浪。调整浪通常由 A、B、C 三浪组成。

在 A 浪中，市场投资者大多数认为上升行情尚未逆转，此时仅为一个暂时的回档现象，实际上，A 浪的下跌在第 5 浪中通常已有警告信号，如成交量与价格走势背离或技术指标上的背离等，但由于此时市场仍较为乐观，A 浪有时出现平势调整或者之字形态运行。

7. 第 B 浪

B 浪表现经常是成交量不大，一般而言是多头的逃命线，然而由于是一段上升行情，很容易让投资者误以为是另一波段的涨势，形成多头陷阱，许多人在此期惨遭套牢。

8. 第 C 浪

C 浪呈无量空跌的状态，庄家盘中砸盘明显，基本面及消息面利空频繁出现，利好消息往往成为庄家机构出货良机，市场人气涣散，资金不断抽离，所有股票全面下跌并出现恐慌性抛盘且破坏性极强，与 3 浪正好相反的是，C 浪必须以 5 个子浪的形态出现，C 浪结束即是新的升浪开始。

综上所述，波浪理论看起来还是比较容易理解和掌握的。事实上，由于其每一个上升或下跌的完整过程中均包含有一个八浪循环，大循环中有小循环，小循环中有更小的循环，即大浪中有小浪，小浪中有细浪，因此，使数浪变得相当繁杂和难于把握，再加上其推动浪和调整浪经常出现延伸浪等变化形态和复杂形态，使得对浪的准确划分更加难以界定，这两点构成了波浪理论实际运用的最大难点。

三、波浪之间的比例

一般来讲，波浪之间的比例主要包括 0.236、0.382、0.618 以及 1.618 等。在这些数字中，0.382 与 0.618 也常被称为黄金分割比率，如图 3-6 所示。

图 3-6　用菲波纳奇数列确定各波浪点位

事实上，上述比率来源于神奇数字系列。在菲波纳奇的神奇数字系列中，任取相邻两个神奇数字，将低位的神奇数字比上高位的神奇数字，其计算的结果会逐渐接近于 0.618，数值位越高的数字，其比率会越接近于 0.618。若与上述相反，将高位的神奇数字比上低位的神奇数字，则其计算的结果会渐渐趋近于 1.618。同理，数值位取得越高，则此比率会越接近于 1.618。

若取相邻隔位两个神奇数字相除，则通过高位与低位两数字的交换，可分别得到接近于 038.2 及 2.618 的比率。将 0.382 与 0.618 两个重要的神奇数字比率相乘则可得另一重要的神奇数字比率：$0.382 \times 0.618 = 0.236$。

上述几个由神奇数字演变出来的重要比率：0.236、0.382、2.618 以及 0.5 是

波浪理论中预测未来的高点或低点的重要工具。

点金箴言

需要提醒投资者的是，波浪理论家对现象的看法并不统一。每一个波浪理论家，包括艾略特本人，很多时候都会受一个问题的困扰，就是一个浪是否已经完成而开始了另外一个浪呢？有时甲看是第一浪，乙看是第二浪。差之毫厘，谬以千里，看错的后果可能十分严重。一套不能确定的理论用在风险奇高的股票市场，运作错误足以使人损失惨重。也正是因为这样，投资者在运用时一定要谨慎，最好能在有一定的实战经验时再进行操作。

第二节 黄金分割率捕捉黑马股

一、认识黄金分割率

黄金分割率是自然界分形结构的根本维度之一，同样，证券交易价格的变化，作为人类投资行为的综合反映，一样体现了动态的和谐之美。黄金分割率在很大程度上已经成为行情波动过程中一种重要的外在表现形式。投资者可通过此比率来有效把握价格曲线运行中的支撑、压力点位，制定和调整相应的投资策略，把握买卖机会。人们在长久的实践中发现，除了黄金分割率0.618之外，其衍生的比率，如0.382、0.5以及0.191、0.236、0.764、0.809、1.618等比率在市场中也经常发挥作用。

二、利用黄金分割率捕捉黑马股

在对股价的发展进行预测时，投资者可以把握以下两种方法：第一，以股价近期走势中重要的峰位或底位，即重要的高点或低点为计算测量未来走势的基础，当股价上涨时，以底位股价为基数，跌幅在达到某一黄金比时较可能受到支撑。当行情接近尾声，股价发生急升或急跌后，其涨跌幅达到某一重要黄金比时，则可能发生转势。第二，行情发生转势后，无论是止跌转升的反转抑或止升转跌的反转，以近期走势中重要的峰位和底位之间的涨额作为计量的基数，将原涨跌幅按 0.191、0.382、0.5、0.618、0.809 分割为五个黄金点。股价在反转后的走势将有可能在这些黄金点上遇到暂时的阻力或支撑。如图 3-7 所示。

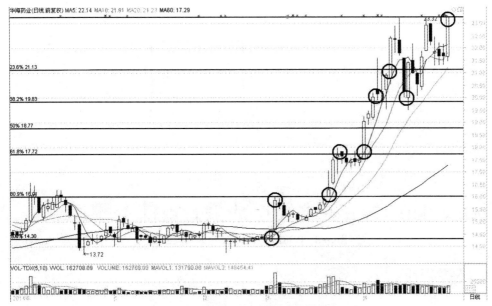

图 3-7　用黄金分割线确定支撑点位

在实际操作中，投资者在利用黄金分割率操作黑马股时，要注意以下几点：

第一，在一轮大的上升行情里，通常都会出现几次级别较大的回调整理，股价一般都会出现几次比较大的回调走势，而在这种回调过程中，只要股价始终运行在 0.382 这条黄金分割线以上的区域时，上升趋势就会持续下去，这对投资者逢低买入的决策很有帮助。

第二，当股价经过一轮比较大的上升行情，开始向下回调整理时，如果回调至 0.382~0.5 线之间的区域就遇到比较强劲的支撑，只要股价始终运行在 0.382~0.5 线之间的区域，表明此前股价从高位的回调整理，是一种上升行情中的强势整理行情，股价的上升趋势并未改变，如图 3-8 所示。

第三，当股价运行在 0.5~0.618 这个区域时，说明股价的上升行情尚未结束，股价再次向上的可能性仍在。一旦股价有效向下突破 0.5~0.618 这个区域时，说明股价的上升行情即将结束，股价向下运行的可能性日益增大。

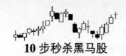

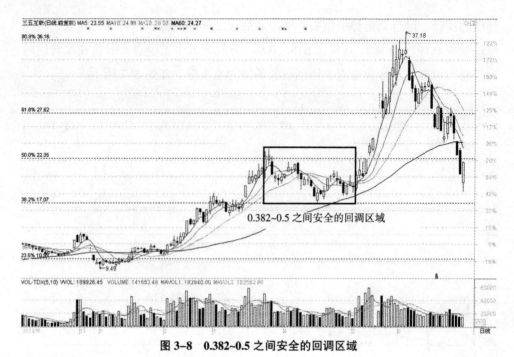

0.382~0.5 之间安全的回调区域

图 3-8　0.382~0.5 之间安全的回调区域

点金箴言

黄金分割线没有考虑到时间变化对股价的影响，所揭示出来的支撑位与压力位较为固定，投资者不知道什么时候会到达支撑位与压力位。因此如果指数或股价在顶部或底部横盘运行的时间过长，则其参考作用要打一定的折扣。但这并不会影响黄金分割线为实用切线工具的地位。

第四步　两雄并立，相辅相成

——量价分析下的捕"黑"信号

第一节　成交量的基础知识

一、成交量的概念

在股市中，市场成交量的变化反映了资金进出市场的情况，成交量是判断市场走势的重要指标，但在国外成熟市场，成交量主要是用于印证市场走势。成交量的形态是以量柱形式表现出来的，成交量的形态虽然不能为投资者指出精确的操作点位或价位，但却可以指出市场已经发生或即将发生的转折区域，从而为投资者提供市场各个阶段的操作方向。成交量形态是市场的另一种语言表现方式，其准确性远远高于其他技术分析。

事实上，成交量的概念包括三个子概念：成交、成交量和成交值。

1. 成交

所谓成交，就是买卖双方同意所达成的交易行为。"成交"是商业用语，因为股市本身就是一项商业活动，股票市场就是一个大商场，各地证券营业部受投资者委托，按指定的价格或任意价格在证券交易所进行公开的买卖，电脑进行撮合，使买卖双方在公平的竞价下达成交易，买卖双方出价一致，便是"成交"。

2. 成交量

所谓成交量，是指某只股票（或大盘）在规定的时间内成交的股数，主要以

一日或一周为单位。一个交易日成交的股数称为日量，一个交易周成交的股数称为周量，如图 4-1 所示。

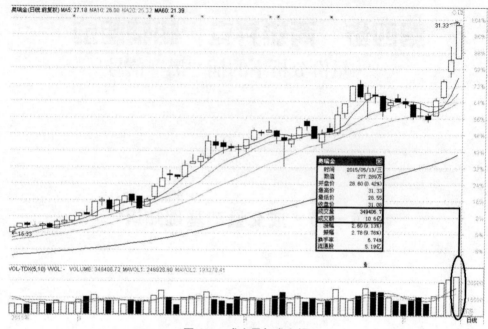

图 4-1 成交量与成交额

3. 成交值

所谓成交值，是某只股票每笔成交股数乘以成交价格的金额总和。

二、成交量的表达方式

1. 成交股数

所谓成交股数，即日常所说的成交量，其非常适合于对个股成交量做纵向比较，即观察个股历史上放量与缩量的相对情况。但是，最大缺点在于忽略了各个股票流通盘大小的差别，难以精确表示成交活跃的程度，不便于对不同股票做横向比较，也不利于掌握庄家进出的程度。当然，在对个股研判时，目前最常用的还是成交股数（成交量）。

2. 成交金额

成交金额直接反映参与市场的资金量多少，常用于大盘分析，因为它排除了大盘中各种股票价格高低不同所造成的干扰，通过成交金额使大盘成交量的研判具有横向的可比性。通常所说的两市大盘成交多少亿的成交量就是指成交金额。对于个股来讲，如果股价变动幅度很大，用成交股数或换手率就难以反映出庄家资金的进出情况，而用成交金额就比较简单明朗。

需要强调的是，成交股数与成交金额是不同的概念，证券交易的最小单位为1手，100股称为1手，而成交金额的计算公式如下所述：

成交金额＝股价×成交股数

成交金额与成交股数不一定成正比，这一点对成交金额动向分析时要注意，有时股价大幅上扬，成交股数下降，成交金额反而增加，出现成交量未见放大，有时甚至开始萎缩，成交金额因股价上扬而大幅增加的现象。这种成交量与成交金额的背离值得投资者的警觉。

3. 成交换手率

所谓换手率，也可以称为周转率，是指在一定时间内市场中股票转手买卖的频率，是反映股票流通性强弱的指标之一，如图 4-2 所示，其计算公式为：

换手率＝（某一段时期内的成交量）/（发行总股数）×100%

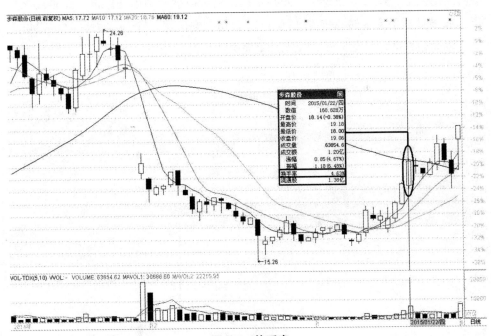

图 4-2　换手率

例如，某只股票在一个月内成交了2000万股，而该股票的总股本为1亿股，则该股票在这个月的换手率为20%。在我国，股票分为可在二级市场流通的社会公众股和不可在二级市场流通的国家股和法人股两个部分，一般只对可流通部分的股票计算换手率，以更真实和准确地反映出股票的流通性。按这种计算方式，上例中那只股票的流通股本如果为2000万，则其换手率高达100%。在国外，通常是用某一段时期的成交金额与某一时点上的市值之间的比值来计算周转率。

就换手率本身而言，其可以帮助投资者追踪目标股的活跃程度，找到"放量"与"缩量"的客观标准，判断走势状态，尤其是在庄家吸筹、拉升和出货阶段，可以估计庄家机构的控筹量。当然大部分的分析软件上并不提供换手率的走势图，只提供当日的换手率数值，因此，运用换手率时，还需要用一个能编写指标公式的软件。

通常情况下，日换手率＜3%时为冷清，一种情况是该股属于散户行情，另一种情况是已高度控盘，庄股在高位振荡之际往往成交量大幅萎缩，换手率低。日换手率＞3%且＜7%时为活跃，表示有庄家在积极活动。日换手率＞7%为热烈，筹码急剧换手，如发生在高位，尤其是高位缩量横盘之后出现，很可能是庄家出货；如果日换手率＞7%发生在低位，尤其是在突破第一个强阻力区时，很可能为庄家在积极进货，如图4-3和图4-4所示。

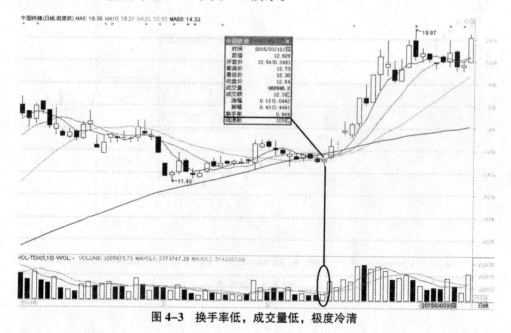

图4-3 换手率低，成交量低，极度冷清

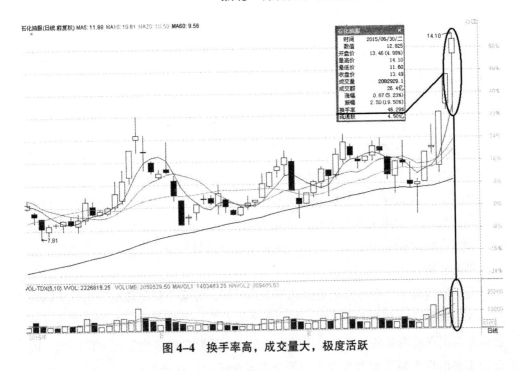

图4-4　换手率高，成交量大，极度活跃

　　事实上，如果某只股票的换手率较高，则说明这只股票的交投比较活跃，投资者对这只股票有买进的欲望；反之，股票的换手率越低，则表明该只股票少人关注，属于冷门股。换手率高一般意味着股票流通性好，进出市场比较容易，不会出现想买买不到、想卖卖不出的现象，具有较强的变现能力。但是，需要提醒投资者的是，换手率较高的股票往往也是短线资金追逐的对象，投机性较强，股价起伏较大，风险也相对较大。

　　需要注意，部分投资者在对成交量的理解上存在这样一个误区：认为成交量就是证券分析软件上的量柱（成交手数）；甚至一些证券专业人士，都存在这个误区。事实上，成交量不单单是指量柱，量柱只是成交量的一种表现形式，成交额和换手率都是成交量，也就是说，成交量是成交额、换手率、成交数量的总称。

三、每笔平均成交的分析

　　一般来讲，每笔平均成交的计算公式如下：

　　每笔平均成交股数=某段时间成交股数/这段时间内交易所主机撮合的成交笔数

其中，投资者要重点关注判断成交笔数的依据。例如，委卖中有 1 笔单子是 1000 手，在相同的价位有 10 笔单子加起来正好是 1000 手，那么整个交易委托是 10 笔，而不是 1 笔。这和买在先还是卖在先没有关系，这个笔数是以大的委托股票手数来计算的。

目前，广大的投资者占据着市场资金的主流，然而，个人资金毕竟是有限的，一般很难有单笔在 1 万~2 万股（或者是 5 万~10 万元）以上的成交，几百股至几千股较为多见。而庄家机构运作一只股票，不可能总是几百股几千股的成交，其"平均每笔成交"股数肯定较大。也就是说，通过分析一只股票在某段时间的低价位内平均每笔成交股数或金额（设定一个数值），呈较大值，则说明该股票必然有较大资金在吸筹。当然，还必须结合这只股票的图形、技术指标、消息面等来分析。

在一般情况下，在股价呈现底部形态的时候，如果"每笔成交"出现大幅跳升，表明该股开始有大资金关注；若"每笔成交"连续数日在一较高水平波动而股价并未出现较明显的上升，更说明大资金正在默默吸纳该股。在这段时间，成交量未必出现大幅增加的现象。当投资者发现了这种在价位底部的"每笔成交"和股价及成交量出现明显"背驰"的个股时，应予以特别关注。当个股"每笔成交"超过平均水平 50%以上时，可以认为该股已有庄家入驻。若股价放量大阳拉升，但"每笔成交"并未创新高时，应特别提高警惕，因为这说明庄家可能要派发离场。而当股价及成交量创下新高，但"每笔成交"出现明显萎缩，也就是出现"背驰"时，投资者切不可恋战，要坚决清仓离场，哪怕股价再升一程。

四、成交量的表现形式

在股市中，成交量的表现形式主要有以下几种：

1. 分歧性放量

所谓成交，当然是有买有卖才会达成，光有买或光有卖是绝对达不成成交的。同时，成交必然是一部分人看空后市，另外一部分人对后市看多，从而造成巨大的市场分歧又各取所需才最终达成。

2. 缩量

所谓缩量，主要是说市场里的各投资者和机构看法基本一致，大家朝一个方向看时，没有人卖（或买），这样造成了有股票的不卖，没股票的买不到，自然也就没量了。如图 4-5 所示。

图 4-5　缩量

一般情况下，缩量发生在趋势的中途，大家对后市的看法趋于统一。如果是下跌缩量，碰到这种情况的投资者就应坚决出局，等到成交量缩到一定程度而开始放量上攻时再相机买入。同样，上涨缩量，就应坚决买进或持仓，坐享获利，直到股价上冲乏力并伴有巨量放出的时候再卖出。

3. 天量

天量是股票常用术语之一，代表着某只股票或整个市场当天巨大的交易量。一般来讲，天量出现在上升趋势发生转折的拐点区域，表示市场各方力量对后市分歧逐渐加大，在一部分投资者坚决看好后市的同时，另一部分投资者却对后市坚决看空，如图 4-6 所示。

在股市中，流传着"天量见天价"这样一句话。天量见天价的理论基础是股价在经过一波上涨后，获利盘出逃从而造成股价下跌。成交量越大，说明出逃的资金越多，套住的人也越多，而套住的人越多，往往对应的头部规模也越大。对于小盘股来说，换手率达到 30% 以上可以称为天量，大盘股换手率达到 15% 以上可称为天量。需要说明的是，有时股价出现天量后并没有出现天价，而是会延迟。

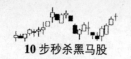

图 4-6　天量

4. 堆量

庄家在准备拉升股价之前，常把成交量做得非常漂亮，几日或几周以来，成交量慢慢放大，股价渐渐推高。在近期的价格走势图上，成交量形成了一个个状似土堆的形态，而堆得越漂亮，就越可能在未来产生大行情。相反，如果在高位出现堆量则表明庄家已不想玩了，在大举出货，如图 4-7 所示。

图 4-7　堆量

5. 突然性放量

这种情况一般是指没有突发利好或大盘趋势基本稳定的前提下，股价趋势运行正常时突然间放出历史性巨量，随后又没了下文，这种现象一般是实力不强的市场庄家在吸引投资者的注意力，以便快速出货而已。

点金箴言

市场人士常说"股市中什么都可以骗人，唯有量是真实的"，可以说，成交量的大小直接表明了多空双方对市场某一时刻的技术形态最终的认同程度。江恩十二条买卖规则中的第七条就是观察成交量，指出研究目的是帮助决定趋势的转变，因此市场上有"量是价的先行，先见天量后见天价，地量之后有地价"之说。不过也不能把成交量的作用简单化、绝对化，由于国内股市中存在大量的对敲行为，成交量某种程度上也能骗人，因此还要结合实际情况具体分析。

第二节　量价分析精要

一、量价分析概要

市场趋势最基本的元素就是成交量和成交价，量价分析就是通过对成交量与成交价的关系变化进行相关研究，从而预测股票的未来趋势。

一般而言，量价分析的属性就是量价分析最本质的特性，量价分析主要有三个重要的属性，即量价的功能性、相互性和市场性。

1. 功能性

通过对成交量和成交价相互关系的变化进行相关性分析研究，从而揭示市场行为的内在本质，从而预测市场的未来趋势。

2. 相互性

在通常情况下，量价的相互性又可以分为以下两个方面：

（1）量价的因果性：成交量决定成交价，量价的运动形成了市场趋势运动的因果循环。

（2）量价的对应性：成交价对应着成交量的变化，有什么样的成交价就有什么样的成交量。

3. 市场性

量价的市场性表现在量价关系充分反映了多空双方对市场的认可程度和交易心理状态。

二、量价的分析

在股市中，"量比价先行"是一条重要的市场规律，这个规律在著名的道氏理论中就有阐述。翻开以往的历史走势，可以发现在牛市行情的变化中，不论股价指数呈现何种变化，成交量的记录却是持续递增的，到牛市终止时，成交量便会从递增到递增停滞，直至趋减。其实，这个规律不但适用于价格的上升趋势，也适用于价格的下降趋势。不论在价格上升还是下降趋势反转前，往往都有成交量的增加。所以，在股票价格上升或是下降一段时间之后，如果出现成交量的急剧放大，就要小心目前价格趋势的方向可能会发生变化。

事实上，"量变先于价变"这个特点也使得很多与成交量有关的股票技术指标成为领先指标。这表现在当股票价格还未突破阻力线时，相应的成交量指标已经突破其阻力线。这个特点有助于投资者预测未来股价突破的方向。

对于普通投资者来讲，必须对股票（大盘）的成交量、供应关系与股价之间的关系予以了解。在实际操作中，投资者只有准确掌握好这三者之间的联系，才能真正判断出股价的运行趋势。事实上，随着股价所处位置的不同，其对成交量与供求关系的影响也是不一样的。因此，投资者必须具体情况具体分析：

1. 价格稳定

在此阶段，市场的供求关系基本处于平衡状态，成交量比较小。这是因为：在价格稳定的情况下，看多与看空的人在资金实力上大体相同，谁也拿不准下一步股价的变化趋势。因此，成交量不大，正因为量不大，所以交易量也不会对股价产生太大的影响。

2. 价格下跌

在其他因素不变的情况下，价格稳定向价格下跌趋势的转化，是由于空头大于多头。随着股价的下跌，成交量会逐渐放大。成交量的放大又会反过来带动股价的下跌，因为股价进一步下跌，多头才肯买进。

3. 价格上扬

在其他因素不变的情况下，价格稳定向价格上涨趋势的转化，是由于多头大于空头。随着股价的上涨，成交量会逐渐放大。成交量的放大又会反过来带动股价的上涨。因为股价进一步上涨，空头才肯买进。如图 4-8 所示。

图 4-8　价格的三种形态

需要说明的是，虽然成交量与股价之间存在着相互影响的联系，但具体操作中也会常常出现量价背离这一现象。一般来讲，成交量与股票价格变动的背离则意味着股价趋势变弱。这种背离现象有两种表现形式：股票价格大幅变动（上升或是下降），成交量却很小，这说明需求或是供给的枯竭。股票价格和所有商品价格一样是由供求平衡决定的，供求平衡最终会反映为股票价格的改变。另外一种背离的表现形式是，成交量剧烈放大，但是股票价格却没有相应的大幅度改变。不论是哪种量价背离形式，它们的出现都意味着目前的价格趋势比较弱。

三、解读量价分析的实战应用

在实际操作中，投资者往往会遇到以下量价现象，而对于这些量价关系的把握，对于买卖操作有着较高的实战价值。

1. 量增价涨

所谓量增价涨，是指股价随着成交量的放大而上涨，如图 4-9 所示。

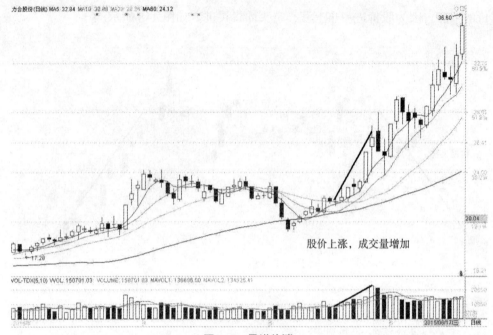

图 4-9　量增价涨

量增价涨主要出现在股价从底部区域开始启动向上的过程中，股价在上涨的过程中伴随着成交量的放大。成交量放大说明有资金流入，做多力量在不断地增加。量增价涨有时也会出现在股价上涨的中途，随着股价的不断上涨，场外资金也在不断地进入，同时看好股价后期走势的投资者越来越多，所以就出现了这种量增价涨的走势。出现这种走势，标志着股价后期还会继续上涨。

需要说明的是，当股价在一个相对较高的位置区域内，一旦出现价平量增、价涨量增时，极有可能是一个十分危险的信号，往往是天量天价的先兆。

2. 量增价跌

量增价跌是一种短线价量背离的现象，一般是由多种因素所造成，其中当然也有可能是控盘庄家故意制造的骗局。在研判量增价跌现象时，必须先研究这种现象所处的形态和具体方位才可决定。如图 4-10 所示。

图 4-10 量增价跌

一般情况下，当股价在较高位置时，量增价跌表明行情已发展到了尾声，控盘的庄家在人气高涨的掩护下，拉高出货，会引发一系列的抛售风潮。

当价跌量增处于某一整理形态位时，往往是行情突然出现某种重大的利空消息或其他不利因素的影响，中小投资者与控盘庄家上演了一场多杀多的悲剧，纷纷夺路而逃。从而导致股价在巨大的抛压之下，放量走低。

当价跌量增处于某一相对低位时，或在已大幅下跌一段时间后，则有可能是控盘庄家进行最后的震仓吸筹所致。

3. 量增价平

所谓量增价平，是指个股（或大盘）在成交量增加的情况下，而个股的股价却几乎维持在一定价位水平上下波动的一种量价配合现象，如图 4-11 所示。

如果股价在经过一段时间比较大的涨幅后，处在相对高价位区时，成交量仍在增加，而股价却没能继续上扬，呈现出高位量增价平的现象，这种股价高位放量滞涨的走势，表明市场庄家在维持股价不变的情况下，可能在悄悄地出货。因此，股价高位的量增价平是一种顶部反转的征兆，一旦接下来股价掉头向下运行，则意味着股价顶部已经形成，投资者应注意股价的高位风险。

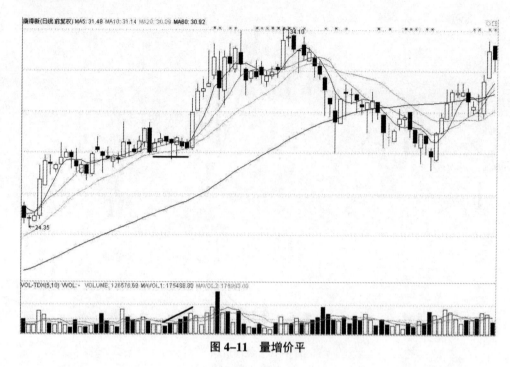

图 4-11　量增价平

　　如果股价在经过一段比较长时间的下跌后，处在低价位区时，出现股价企稳成交量增加现象，此时一般成交量的阳柱线明显多于阴柱，说明底部在积聚上涨动力，有庄家在进货，可以适量买进持股待涨。

　　4. 量缩价涨

　　所谓量缩价涨，是指个股（或大盘）在成交量减少的情况下，个股股价反而上涨的一种量价配合现象。如图 4-12 所示。

　　一般来讲，量缩价涨多出现在上升行情的末期，偶尔也会出现在下跌行情的反弹过程中。在持续的上升行情中，适度的量缩价涨表明庄家控盘程度较高，大量流通筹码被庄家锁定。但毕竟量缩价涨所显示的是一种量价背离的趋势，因此，在随后的上升过程中如果出现成交量再次放大的情况，可能意味着庄家在高位出货。

　　5. 量缩价跌

　　所谓量缩价跌，是指个股（或大盘）在成交量减少的同时、个股的股价也同步下跌的一种量价配合现象。如图 4-13 所示。

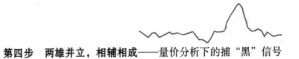

图 4-12　量缩价涨

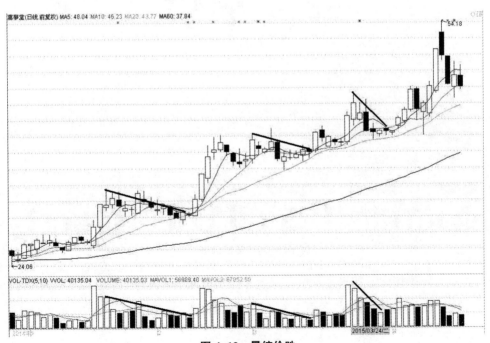

图 4-13　量缩价跌

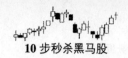

一般情况下，当股价升至一定的高度时，成交量逐步减少，股价也随之小幅下跌，呈现出一种量缩价跌现象，而这种量缩价跌是对前期上升行情的一个主动调整过程，"价跌"是股价主动整理的需求，是为了清洗市场浮筹和修正较高的技术指标，而"量缩"则表明投资者有很强的持筹信心和惜售心理。当股价完成整理过程后，又会重新上升。

当股价开始从高位下跌后，由于市场预期向坏，一些获利投资者纷纷出逃，而大多数投资者选择持币观望，市场承接乏力，因而，造成股价下跌、成交萎缩的现象。这种量缩价跌现象的出现，预示着股价仍将继续下跌。

6. 量缩价平

所谓量缩价平，是指股价经过长期大幅上涨之后，进行横向整理不再上升时，成交量显著减少，为警戒出货的信号。如图 4-14 所示。

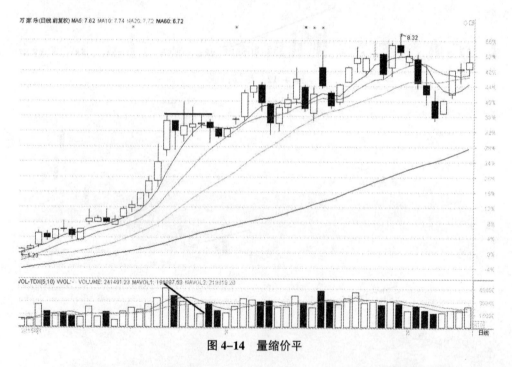

图 4-14　量缩价平

在实际操作中，如果突发巨量或天量并拉出大阳大阴线，无论有无利好或利空消息，均应果断派发。

7. 量平价涨

股价如果处于长期空头走势，筹码经过一段长时间沉淀，底部只要出现稍微放大的量能就可以让盘势出现止跌反弹，反弹的过程中因套牢的筹码早已认赔出场，或是套牢者已有长期抗战的心理准备，所以股价从底部反弹的过程不需太大的量能就可以止跌反弹，这是"量平价涨"的特性。如图 4-15 所示。

图 4-15　量平价涨

一般情况下，如果股价处于中期多头走势，股价上涨已经到达相对高位区，量平价涨则暗示量能无法随股价同步放大，该股如果股本过大，或是股性不够活跃，那么投资者应当心控盘庄家是否因为资金准备不足，导致后续上攻减弱，甚至攻击失败。

8. 量平价跌

一般来讲，量平价跌是说明当时的趋势为盘跌走势，且盘跌的走势将暂时不会产生变化。若是发生在较高层级的趋势上涨过程中，出现量平价跌的形态代表投资者退出，所以，回档幅度不会太深。在投资者退出后，庄家补量就可以延续原级数的上涨趋势。反之，原本趋势就在下跌中，再出现价跌，代表投资者持续卖出，股价将持续盘跌，这种现象通常发生于庄家出货结束后，只有交易的"散户盘"。如图 4-16 所示。

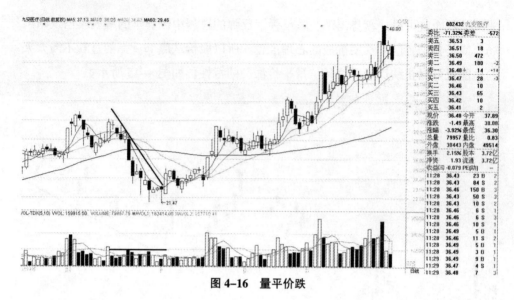

图 4-16　量平价跌

9. 量平价平

通常来讲，量平是大盘或个股成交量比前一个交易日的成交量增加或减少的幅度在 10% 以内；价平是大盘当日上涨幅度较前一交易日在 0.4% 以内或个股上涨幅度在 1% 以内。如图 4-17 所示。

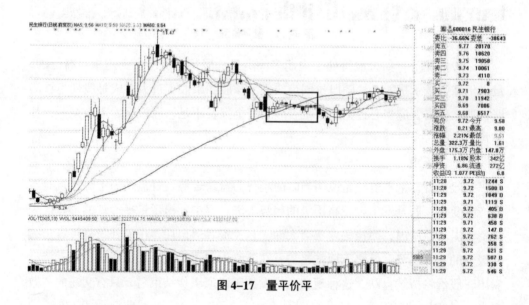

图 4-17　量平价平

在实际操作中，量平价平这一量价现象还是比较少见的，一般会看见 21 日均量线呈现持平走势，如果此现象维持超过一星期，形成一种常态，代表目前的趋势将不会有重大转变，此格局发生在盘跌走势的股票居多；另外一种常见的现象发生在狭幅盘整过程的股票，因为量平价平为多空不明的暗示，投资者宜保守观望，等待量能增温的现象出现再做考虑。

需要说明的是，市场有时会出现一种较为特殊的情况：当股价在连续急涨或急跌后出现量平价平，说明后市有可能发生"变盘"。在这种情况下，投资者宜准备进行"逆向操作"，也就是急涨后出现量平价平时，短线多单准备卖出；连续急跌后出现量平价平时，短线空单准备回补。

点金箴言

需要提醒投资者的是，利用价量关系判断买卖时机，是比较简单的分析方法。但细分起来，不同的市况，投资者要用不同的投资策略与买卖技巧，不能一概而论，否则将失去价量关系分析的意义，也可能造成不必要的损失。

第三节　量价分析捕捉黑马股

在实战中，虽然庄家在对黑马股进行炒作时，一般都会制造各种假象来欺骗投资者。然而，无论庄家的手法多么高明，其真正的意图最终还是会在成交量上反映出来，而这也给投资者提供了一条捕捉黑马的线索。

一、关注成交量的变化

庄家在控盘黑马股初期，成交量会持续均匀放大。通常来讲，出现不规则的放量时，短线会有大幅震荡，但并不会产生持续上升的行情，只有当成交量出现均匀、持续的放大，行情才能保持连续的上扬，从而才能出现大的黑马。另一种情况是，在一轮中级以上行情开始时，应大胆介入第一只放量大涨个股。如此往往能短期内就骑上大黑马，获取龙头股大涨带来的巨大收益。

在控盘黑马股中期，成交量一般会出现极度萎缩。究其原因，主要是因为庄

家在建仓之后往往都会进行洗盘，导致成交量大幅度萎缩。而当成交量再度放大时，主升浪就会到来，投资者此时应坚决介入，可吃到最厚的"肉段"。

由于一般情况下，建仓和洗盘不会一蹴而就，所以初期和中期的量能特征会反复一到两次，甚至多次。

在控盘黑马股后期，缩量拉升，放量出货。黑马股进入主升浪以后，由于庄家控盘程度较高，成交量一般会保持均匀状态或缩量状态。当黑马股进入派发区域后，投资者一定要高度关注成交量的变化。在派发区域，当单日换手率在10%以上时，应考虑减仓。对于派发区域的判断，通常是用主升浪的最低点乘以2来计算。如图4-18所示。

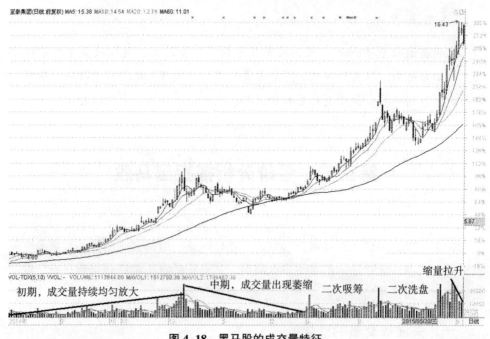

图4-18 黑马股的成交量特征

二、关注筹码的集中情况

从实战的情形来看，投资者从成交量的变化寻找"黑马"时，必须结合股价的变化进行分析。因为绝大部分股票中都有一些大户，他们的短线进出同样会导致成交量出现波动，关键是要把这种随机买卖所造成的波动与庄家有意吸纳造成的波动区分开来。随机性波动不存在刻意打压股价的问题，成交量放出时股价容易出现跳跃式上升，而庄家吸筹必然要压低买价，因此股价和成交量的上升有一定的连续性。依据这一原理，可以在成交量变化和股价涨跌之间建立某种联系，通过技术手段过滤掉那些股价跳跃式的成交量放大，了解真实的筹码集中情况。

一般情况下，黑马股在庄家入驻之前往往看不出有明显的收集筹码的行为，股价往往在底部横盘。而成交量也越来越少，此后股价出现上下震荡，上扬时成交量放大，下跌时成交量萎缩，日K线图上呈现阳线多于阴线，阳线对应的成交量具有明显放大特征，用一条斜线把成交量峰值相连，明显呈上升状，表明庄家已经进入了建仓阶段。经过数月盘整之后，某日突然出现放量横盘，并伴随巨量股价一再拉高，使股价运行在均价以上。如果次日股价跳空高开，且在巨量的伴随下一路上攻，则表明黑马已经冲出牢笼了。此时，投资者应积极跟进，往往能有不菲收获。如图4-19所示。

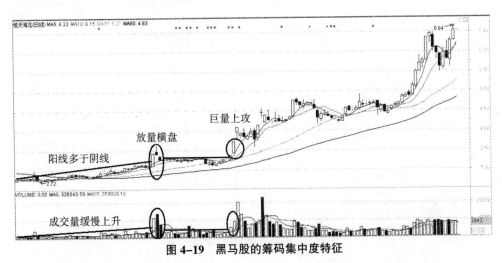

图4-19　黑马股的筹码集中度特征

需要指出的是，在庄家开始建仓后，某一区域的成交量越密集，则庄家的建仓成本就越靠近这一区域，因为无论是真实买入还是庄家对敲，均需耗费成本，密集成交区也就是庄家最重要的成本区，累积成交量和换手率越高，则庄家的筹码积累就越充分，而且往往实力也较强，此类股票一旦时机成熟，往往可能一鸣惊人，成为一匹"大黑马"。

三、关注资金流向

股市中的热点其实就是有资金集中流入的个股，而板块轮动其实就是资金流

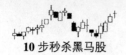

动而产生的盘面效果。当主流资金向部分板块和个股中流动时，这些板块和个股一般都能够成为市场关注的焦点，其中往往能跑出热门股和黑马股。因此，对资金流向进行研判，无论对于分析大盘走势还是对于个股机会的把握，都起着极其重要的作用。

1. 将成交量与涨跌幅榜结合起来分析资金流向

一般而言，在分析资金流向时，投资者需要将成交量排行与涨跌幅榜结合起来分析，若成交量排行靠前，同时股价涨幅也靠前，说明有大资金持续流入该类个股。一般来说，最初发动行情的个股由于涨幅居前、成交量有效放大，往往最具备示范效应，这就是市场中的龙头股，鉴于板块轮动原理，板块内部的个股极易诞生黑马股。图 4-20 为板块内的涨幅榜。

板块名称	均涨幅%	权涨幅%	总成交	领涨品种	涨股比	市场比%	换手率%		代码	名称	涨幅%	现价	涨跌	买价	卖价	总量
1 证券	7.66	7.45	1120亿	东方证券	22/22	7.87	5.51		1 601198	东兴证券	*10.01	33.75	3.07	33.75	—	106.9万
2 运输设备	6.05	0.72	60.2亿	诺力股份	11/16	0.42	0.79		2 600958	东方证券	*10.01	33.31	3.03	33.31	—	225.0万
3 多元金融	5.10	5.24	96.6亿	爱建集团	6/8	0.68	4.63		3 601688	华泰证券	*10.00	30.04	2.73	30.04	—	213.9万
4 电脑设备	4.80	3.72	201.6亿	艾派克	24/32	1.42	4.10		4 000783	长江证券	*9.99	17.83	1.62	17.82	17.83	338.8万
5 商贸代理	4.42	3.83	103.0亿	广东明珠	22/24	0.72	3.28		5 002500	山西证券	*9.98	26.22	2.38	26.22	—	174.0万
6 家居用品	4.25	3.26	64.8亿	易尚展示	13/17	0.46	4.84		6 000686	东北证券	*9.46	24.52	2.12	24.51	24.52	114.2万
7 交通设施	4.24	4.09	151.0亿	东莞控股	37/39	1.06	1.73		7 002736	国信证券	*8.88	30.04	2.45	30.03	30.04	168.2万
8 日用化工	4.19	3.06	17.0亿	赞宇科技	7/8	0.12	2.97		8 002673	西部证券	*8.77	68.68	5.54	68.67	68.68	629555
9 传媒娱乐	4.19	3.47	248.9亿	中文传媒	29/37	1.75	3.93		9 601788	光大证券	*8.74	32.96	2.65	32.96	32.97	975097
10 旅游	4.16	3.54	93.2亿	众信旅游	19/25	0.65	4.19		10 600837	海通证券	*7.51	27.62	1.93	27.63	27.64	433.7万
11 化纤	4.14	4.16	64.0亿	友利控股	20/26	0.45	2.78		11 600369	西南证券	*6.97	24.55	1.60	24.54	24.55	100.4万
12 供气供热	4.05	3.22	46.1亿	惠天热电	12/16	0.32	3.64		12 000776	广发证券	*6.93	27.77	1.80	27.77	27.78	137.1万
13 船舶	3.99	3.62	139.7亿	广船国际	6/8	0.98	3.41		13 601555	东吴证券	*6.60	25.99	1.61	25.98	25.99	883900
14 建筑	3.95	4.14	573.6亿	东方新星	38/47	4.03	2.86		14 601377	XD兴业证	*6.56	17.06	1.05	17.05	17.06	234.3万
15 保险	3.94	3.72	239.4亿	新华保险	4/4	1.68	1.20		15 600030	中信证券	*6.55	33.01	2.03	33.02	33.03	462.8万
16 房地产	3.82	3.27	598.9亿	世纪星源	113/133	3.11	2.93		16 600999	招商证券	*6.52	34.48	2.11	34.49	34.50	143.0万
17 综合类	3.81	2.39	124.0亿	广东甘化	23/34	0.87	3.48		17 600109	国金证券	*6.25	28.37	1.67	28.36	28.38	278.6万
18 通用机械	3.65	3.01	247.6亿	秦川机床	53/69	1.74	5.22		18 000750	国海证券	*6.01	19.40	1.10	19.39	19.40	108.1万
19 电气设备	3.61	2.66	622.9亿	平高电气	95/131	4.37	4.32		19 601099	太平洋	*5.95	14.77	0.83	14.76	14.77	257.3万
20 银行	3.53	3.13	482.5亿	南京银行	16/16	3.39	0.53		20 000728	国元证券	*5.82	34.54	1.90	34.53	34.54	620694
21 广告包装	3.49	2.68	118.4亿	省广股份	19/23	0.83	4.50		21 601901	方正证券	*5.78	14.63	0.80	14.63	14.64	233.4万
22 元器件	3.40	2.48	401.6亿	沪电股份	75/111	2.82	3.65		22 000166	申万宏源	5.23	18.32	0.91	18.32	18.33	330.1万
23 通信设备	3.39	2.09	294.5亿	奥维通信	44/73	2.07	3.90									
24 运输服务	3.39	3.31	202.5亿	宁波海运	20/29	1.42	2.19									
25 工业机械	3.34	2.83	300.2亿	N田中	78/114	2.67	4.74									

图 4-20 涨幅最高的板块的涨幅榜

就涨跌幅榜而言，其在股票分析软件中提供的是股票价格上涨或下跌的幅度（以百分比计算）排名的即时信息。涨跌幅排榜是动态的，随个股价格变化而调整。在一般的行情系统中，按 "61" 可以显示上证 A 股涨幅排名，按 "62" 可以显示上证 B 股涨幅排名，按 "63" 可以显示深圳 A 股涨幅排名，按 "64" 则可以显示深圳 B 股涨幅排名。通过行情系统还可查询沪深两市债券和基金的涨幅排名。其实，涨幅排名表还能够显示其他的信息，如个股的交易代码、当前价格、当前买入价、当前卖出价、当日开盘价、当日最高价、当日最低价、昨日收盘价、总成交手数等基本信息，还能提供外盘、内盘、委比、换手率等即时的技

术统计数据。此外，涨跌幅榜还能显示个股的基本面情况，如总股本、流通股本、总市值、流通市值、市盈率及一些基本的财务数据等。需要说明的是，在不同的股票分析软件中，涨跌幅榜所显示的信息也会有所差异。

2. 从成交额上分析资金流向

通常来讲，从成交额上识别资金流向的方法是每天成交额排行榜前 20~30 名的个股，就是资金流向的热点，所要观察的重点是这些个股是否具备相似的特征或集中于某些板块，并且该板块中个股能长时间占据成交额排行榜位置。

当个股没有主流资金关照时，股价会在某一多空相对平衡的价格区间内徘徊，并且随着股市整体趋势的演变而相应地提高或降低其多空平衡区间。当主流资金对个股施加作用时，股价就会偏离其多空平衡区，从而产生质变。图 4-21 为成交额排行榜，从此榜可看出，资金流向证券板块、银行板块和大盘蓝筹股板块。

	代码	名称	涨幅%	现价	涨跌	买价	卖价	总量	现量	涨速%	换手%	今开	最高	最低	昨收	市盈(动)	总金额	量比
1	600030	中信证券	7.81	37.82	2.74	37.83	37.85	808.3万	3525	0.45	8.24	35.39	38.00	35.03	35.08	36.75	293.1亿	1.80
2	601766	中国南车	-4.96	30.26	-1.58	30.28	30.29	773.5万	142	-0.03	6.57	28.91	31.84	28.66	31.84	78.59	230.2亿	2.25
3	601989	中国重工	5.39	14.27	0.73	14.28	14.29	1466万	153	0.07	8.16	13.41	14.88	13.24	13.54	89.39	209.2亿	0.96
4	600837	海通证券	10.01	30.22	2.75	30.22	—	672.7万	1	0.00	8.31	27.90	30.22	27.65	27.47	37.57	194.9亿	1.90
5	601299	中国北车	-5.79	31.89	-1.96	31.89	31.90	946.3万	250	-0.31	5.73	30.47	33.85	30.47	33.85	71.18	182.4亿	2.12
6	601390	中国中铁	0.00	18.70	0.00	18.71	18.72	879.7万	482	-0.05	5.15	18.00	19.49	17.20	18.70	38.45	163.1亿	0.76
7	601318	中国平安	2.41	90.11	2.12	90.11	90.12	176.7万	17	0.28	3.26	88.79	90.68	88.33	87.99	20.97	157.7亿	0.82
8	601668	中国建筑	2.69	9.54	0.25	9.54	9.55	1431万	82	0.00	4.79	9.30	9.93	9.09	9.29	12.68	136.6亿	0.77
9	000725	京东方A	-0.21	4.82	-0.01	4.82	4.83	2649万	364940	-0.82	11.34	4.83	4.98	4.80	4.83	66.39	129.0亿	1.34
10	601166	兴业银行	4.81	20.70	0.95	20.71	20.74	483.2万	156	0.77	2.99	19.88	20.75	19.60	19.75	7.17	99.6亿	1.16
11	601988	中国银行	1.67	4.86	0.08	4.85	4.86	1987万	433	0.00	4.79	4.84	4.86	4.75	4.78	8.44	95.4亿	0.85
12	600795	国电电力	7.21	6.10	0.41	6.08	6.09	1603万	477	0.16	9.00	5.70	6.18	5.63	5.69	19.73	95.2亿	0.96
13	600010	包钢股份	1.14	7.00	0.07	7.00	7.07	1223万	348	0.42	7.77	7.00	7.27	6.90	6.90	1509.09	86.2亿	1.50
14	601688	华泰证券	8.45	32.36	2.52	32.35	32.36	272.4万	185	0.52	4.87	30.41	32.80	29.92	29.84	40.39	84.5亿	1.67
15	601186	中国铁建	-2.31	23.31	-0.55	23.32	23.34	358.0万	229	-0.38	3.49	23.20	24.49	21.72	23.86	25.35	83.0亿	0.69
16	600000	浦发银行	1.87	18.50	0.34	18.49	18.50	420.8万	128	0.16	2.82	18.30	18.55	18.08	18.16	7.34	77.1亿	0.92
17	600050	中国联通	-0.13	7.99	-0.01	7.99	8.00	948.1万	140	0.25	4.47	7.85	8.24	7.72	8.00	42.53	75.9亿	0.90
18	601377	兴业证券	7.09	18.89	1.25	18.89	18.90	411.0万	251	0.00	7.90	17.83	19.00	17.62	17.64	55.14	74.8亿	1.75
19	600958	东方证券	3.52	33.86	1.15	33.84	33.85	214.5万	46	-0.26	21.45	32.60	34.56	32.00	32.71	76.37	70.4亿	1.37
20	600886	国投电力	5.26	13.21	0.66	13.22	13.23	522.3万	54	0.15	7.70	12.70	13.49	12.53	12.55	16.02	68.0亿	1.30
21	600016	民生银行	1.30	10.87	0.14	10.87	10.88	616.7万	37	0.09	2.26	10.71	10.98	10.69	10.73	8.35	66.6亿	0.86
22	000002	万　科A	2.76	14.88	0.40	14.87	14.88	446.9万	72763	0.06	4.60	14.50	14.92	14.41	14.48	10.43	65.7亿	1.03
23	600028	中国石化	2.48	7.45	0.18	7.45	7.46	889.2万	1065	0.13	0.93	7.30	7.48	7.24	7.27	19.02	65.3亿	0.78
24	601288	农业银行	1.25	4.04	0.05	4.04	4.05	1593万	1666	0.00	0.95	4.01	4.05	3.98	3.99	7.31	63.9亿	0.78
25	600036	招商银行	1.32	18.41	0.24	18.41	18.42	340.8万	38	0.16	1.65	18.47	18.55	18.17	18.17	8.30	62.5亿	0.75
26	600999	招商证券	5.25	37.32	1.86	37.33	37.34	169.4万	117	-0.02	3.63	35.55	37.70	35.01	35.46	56.29	61.4亿	1.52
27	601601	中国太保	6.03	36.91	2.10	36.90	36.99	171.0万	89	0.59	2.72	34.91	36.99	34.72	34.81	30.27	61.2亿	1.46
28	601099	太平洋	5.30	15.29	0.77	15.29	15.30	410.6万	243	0.06	12.42	14.73	15.49	14.45	14.52	99.35	61.0亿	2.14
29	600048	保利地产	1.52	14.06	0.21	14.05	14.06	433.2万	161	0.06	1.32	13.83	14.20	13.71	13.85	12.37	60.6亿	0.89
30	600068	葛洲坝	2.16	13.70	0.29	13.71	13.74	437.2万	137	0.19	10.54	13.45	14.40	13.15	13.41	27.58	60.3亿	0.82

图 4-21　成交额排行榜

需要说明的一点是，并不是所有的主流资金都是推动股价上涨的，有时候为了某种特殊需要，主流资金的运动反而会促使股价出现暂时的调整。

四、关注成交量与均量线之间的变化

如果成交量在均量线附近频繁震动，股价上涨时成交量超出均量线较多，而股价下跌时成交量低于均量线较多，则该股极可能成为黑马，就应纳入密切关注的对象。这表明筹码正在连续不断地集中到庄家手中。另外，在成交量波幅不大的日子里，庄家也并没有闲着，只是收集动作幅度没有那么大而已。此时，可以观察 15 分钟、30 分钟、60 分钟图，如果有类似情况出现，同样有可能是庄家吸筹的结果。如图 4-22 所示。

图 4-22　成交量在均量线附近震荡表示庄家在吸筹

点金箴言

对于投资者来讲，根据成交量与股价的变化捕捉黑马股是一种较为实用的操作方法。如果庄家吸筹较为坚决，则涨时大幅放量、跌时急剧缩量将成为建仓阶段成交量变化的主旋律。尽管很多情况下，庄家吸筹的动作会比较隐蔽，成交量变化的规律性并不明显，但总不是无踪可觅。

第四节　选黑马股要避开成交量陷阱

在股市中，流传着这样一句话：股市中什么都可以骗人，唯有量是真实的。传统的经典理论认为趋势需要成交量来确认，认为成交量的大小与股价的上升或下跌成正比关系，例如成交量增加价格才能涨、缩量跌不深、天量之后有天价值得期待，并认为成交量往往是不会骗人的，而股价则容易受庄家或大户操纵，这些观点在一般情况下是正确的，但往往也有片面的地方，甚至有时候是错误的。因为，在买卖成交过程中，买卖双方的身份带有极大的不确定性，这就给投资者分析判断多空力量的真实意图带来极大的难度。事实上，在实际操作中，许多庄家不但经常利用操纵股价来骗人，同时也常常利用成交量来骗人，设置陷阱，让许多对技术分析似懂非懂的投资者上当、受骗，达到庄家操作的目的。

一、长期盘整后股价放量假突破

所谓长期盘整，有时是指股价在被炒高相当大幅度后的高位盘整，有的是炒高后再送配股票除权后的盘整，还有的是中报或年报公告前不久的盘整。

通常情况下，在长期盘整之后，庄家往往都能意识到若强行上攻则见效甚微。一旦长时间盘整，又难以找到合适的题材，甚至还有潜在的利空消息已经被庄家知道。为了及早脱身，庄家往往会利用对倒制造成交量放大的假象，以此吸引投资者的注意，进而诱导投资者跟进。在推高的过程中，许多人以为选中了黑马，接下了庄家的大量卖单，为庄家出货提供了机会。庄家就是这样利用量增价升这一普遍被人认可的原则，制造了假象，达到出货的目的。如图4-23所示。

二、借助利好消息出货套牢追涨者

所谓利好，是指刺激股价上涨的信息，如股票上市公司经营业绩好转、银行利率降低、社会资金充足、银行信贷资金放宽、市场繁荣等，以及其他政治、经济、军事、外交等方面对股价上涨有利的信息。

一般而言，当个股在公布中报、年报业绩优异之时，以及重大利好消息或有

图 4-23　长期盘整后股价放量假突破下行

题材出现之前，庄家一般都能提前掌握各种利好消息而提前推升股价，一旦当利好兑现之时，利用人们纷纷看好买进的时候，往往顺势放量上涨，趁机减仓或出货，诱骗投资者上当，如图 4-24 所示。识别这类陷阱的方法还是要进行量价分析。庄家利用利好消息出货前的拉升常常表现出无量上涨或微量大涨的特征，遇到这种情况要格外小心，不要轻易跟进。如图 4-24 所示。

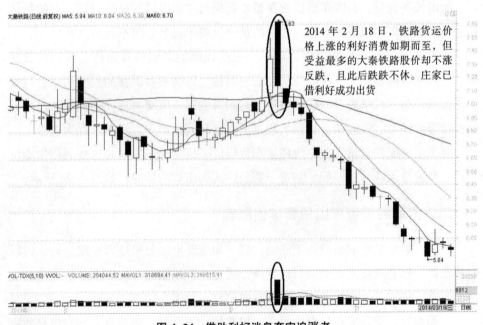

2014 年 2 月 18 日，铁路货运价格上涨的利好消费如期而至，但受益最多的大秦铁路股价却不涨反跌，且此后跌跌不休。庄家已借利好成功出货

图 4-24　借助利好消息套牢追涨者

三、借助利空消息洗盘杀跌

所谓利空，利空是指能够促使股价下跌的信息，如股票上市公司经营业绩恶化、银行利率调高、经济衰退、通货膨胀、天灾人祸等，以及其他政治、经济、军事、外交等方面促使股价下跌的不利消息。

借助利空消息大幅杀跌，这种情况往往出现在大盘和个股已经持续下跌之后，一旦出现利空消息，庄家经常喜欢采取放大利空效应，利用大手笔对敲来打压股价，刻意制造恐慌性破位下行或大幅杀跌，诱骗持股心态不稳的投资者纷纷抛售股票，以达到庄家借机快速收集筹码的目的。实际上，当庄家在建仓后进行振仓洗盘时也会经常采取这种手法。其实，在底部建仓或横盘震荡阶段利用利空消息杀跌往往是黑马股的建仓时机。图 4-25 为凤竹纺织 2015 年 5 月 15 日的走势图，凤竹纺织发布澄清公告，致使 5 月 14 日涨停的股价在 5 月 15 日跌停。股民纷纷将这只没有投资价值的股票抛出，股价进入横盘，但奇怪的是，此后股价一路飙涨，股民的筹码被骗，庄家清洗浮筹意味浓烈。

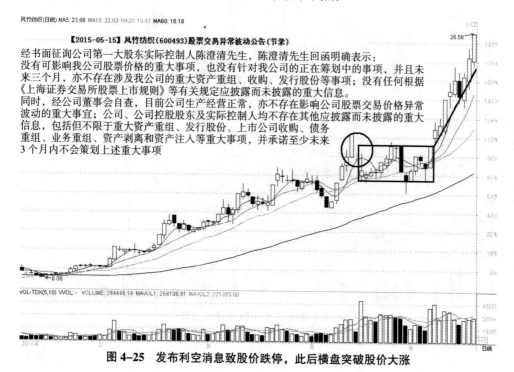

图 4-25　发布利空消息致股价跌停，此后横盘突破股价大涨

需要说明的一点是，任何事物都是相对的，利好和利空因素都不是绝对的。在不同的时间、不同的市场条件下，它们所起的作用也不一样。对于通常意义上的利空，在特定市场条件下反而可能成为利好，要辩证地看。一个信息的产生到底是利好还是利空，应该由市场说了算，而不是我们主观地去认定。

四、跌势逆势放量假上攻

有些股票可能长时期在一个平台或一个箱形内盘整，但是，有一天在大势放量下跌，个股纷纷翻绿，市场一片哀叹之时，该股逆势飘红，放量上攻，造成了"万绿丛中一点红"的市场效果，成为名副其实的"黑马"。此时，不少投资者会认为这样的股票存在着潜在的利好或者是有新资金注入，从而积极跟进。然而，这样的个股一般只有一天或者两天的行情，之后就会进入下跌行情，盲目跟进的投资者也往往会被套牢。如图 4-26 所示。

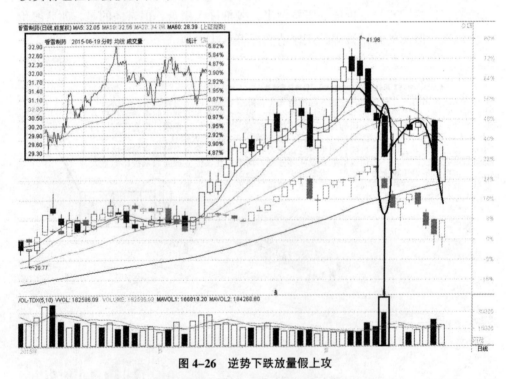

图 4-26　逆势下跌放量假上攻

事实上，庄家在吸筹的时候，成交量不要多大，只要有耐心，在底部多盘整一段时间就行。庄家要出货的时候，由于手中筹码太多，总得想方设法，设置成交量的陷阱。因此，投资者在研究量价关系时，应全面考察一只股票长时间（半年或一年以上）的运行轨迹，了解它所处的价位和它的业绩之间的关系，摸清庄家的活动迹象及其规律，以避免在庄家放量出货时盲目跟进。

五、缩量阴跌真出货

一般情况下，成交量萎缩往往意味着抛压在减弱，属于正常的价量配合关系。然而，许多累计升幅巨大的个股，主力机构就利用投资者的这种惯性思维，利用缩量阴跌的方式，缓慢出货，让高位套牢的投资者产生缩量不会深跌的麻痹思想，丧失警惕性，错过及时止损出局的较佳机会，一步步掉入深套的陷阱。如图 4-27 所示。

图 4-27　缩量阴跌真出货

六、高送转股题材假填权诱多

所谓高送配，即上市公司对持有的投资者进行高比例的送股，比如十送十，送股之后要除权。就是将总资产按配送后的股份数量进行股价的调整。除权后上市公司流通值总额并未改变。实践证明：庄股炒作的一条铁律是该股一定有大比

例送配消息。在大比例送红股、用公积金转送和配股消息公布前，庄股通常都炒得很高了。等送红股或公积金转送的消息公布后，炒高了的股票大幅除权，庄家利用广大中小散户追涨的心理，在除权日大幅拉抬股价，造成巨大的成交量。当散户幻想填权行情到来时，庄家却乘机大肆出货。

庄家利用除权后的成交量放大制造陷阱，有可能在除权当天进行，也可能要过几天，要根据当时的大局而定。有的一次出货不尽，就在除权后多次震荡，设置各种看似筑底成功的假象，在放量上攻途中出货。对于大幅除权后的股票，投资者要仔细研究其股本扩张速度是否能和业绩增长保持同步。还要考察除权后流通股数量的大小及有无后续炒作题材。切不可见放量就跟，见价涨就追。在实际操作中，对于高送配个股来讲，投资者可在除权的初期参与，但后期则需远离。

点金箴言

值得投资者注意的是，庄家为了达到洗盘或出货的目的，一般都会想方设法引诱中小散户跟风追涨或杀跌。随着广大投资者对主力操盘手法的逐渐认识，庄家制造陷阱的手法也越来越隐蔽，越来越多变。投资者必须要学会正确识别各种成交量陷阱，防范风险，具体可根据当时的大盘背景、个股盘口异常，以及个股具体位置的高低综合分析，即可准确识别。

第五步　知微见著，灵活应对

——巧用均线搜猎黑马股

第一节　短期均线捕捉黑马股

均线，实际上是移动平均线指标的简称，是用统计处理的方式，将若干天的股票价格加以平均，然后连接成一条线，用以观察股价趋势。均线的理论基础是道·琼斯的"平均成平"概念，其目的在取得某一段时间的平均成本，而以此平均成本的移动曲线配合每日收盘价的线路变化分析某一时期多空的优劣形势，以研判股价的可能变化。一般来说，现行价格在平均价之上，意味着市场需求较大，行情看好；反之，则表明买压较重，行情看淡。所谓短期均线，即通常所说的以5日、10日、20日为周期的均线。如图5-1所示。

一、5日均线捕捉黑马股

1. 5日均线

将第1日至第5日的5个收盘价求算术平均值，得到第1个5日均价；将第2日至第6日的5个收盘价求算术平均值，得到第2个5日均价。以此类推，可以得到一系列5日均价，将这些5日均价用一条曲线连起来就成为5日移动平均线。

5日均线是最近5个交易日实际成交的平均点位或价位，也代表一周的平均点位或价位。5日均线是一条短期均线，对于把握短线买卖点来说，非常重要，

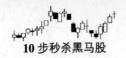

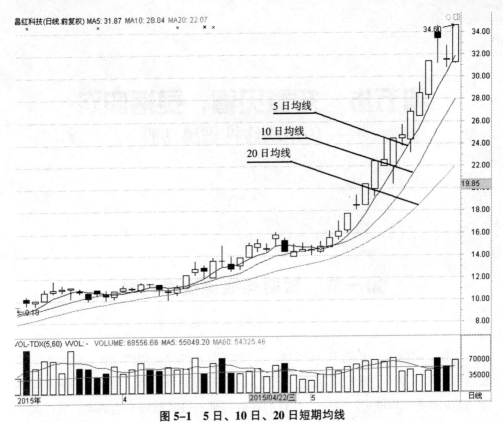

昌红科技(日线,前复权) MA5: 31.87 MA10: 28.04 MA20: 22.07

5 日均线

10 日均线

20 日均线

34.60

19.85

VOL-TDX(5,60) VVOL: - VOLUME: 68556.66 MA5: 55049.20 MA80: 54325.46

2015年　　　4　　　2015/04/22(三)　5　　　日线

图 5-1　5 日、10 日、20 日短期均线

要想炒好短线，找到比较合理的买卖点，必须把 5 日平均线的市场意义真正搞明白，学会并能熟练使用，炒股的水平会上一个档次。

2. 5 日均线捕捉黑马股的操作时机

对于 5 日均线，投资者在应用时要把握以下几点：

（1）当大势较强时，如果股价站在 5 日均线以上，其他短期均线在 5 日均线以下，并向上发散，证明股票是多头排列，股票处于上升通道中。投资者买入股票时，一般要在 5 日均线附近买入。如果想做 T+0 操作，最理想的就是在 5 日均线附近买入，当股价上涨脱离 5 日均线过远时短线卖出。如图 5-2 所示。

从实战的情况来看，当股价在底部启动之初，升幅往往不会太大，其开盘价、收盘价都会在 5 日均线附近运行。如股价在 5 日均线上方站稳，一旦与 5 日均线距离太远时，必然会出现回档整理，以便与 5 日均线重新汇合，稍作整理后再上攻。所以当股价处于高位时，不要心急，应耐心等待其回落后再买入。

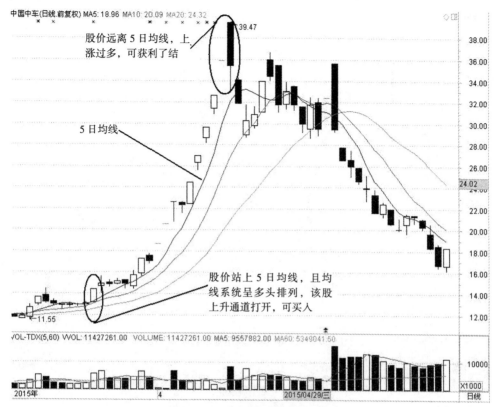

图5-2　5日均线强势时操作策略

（2）当大势较弱时，股价运行在5日均线之下，当股价下跌远离5日均线，5日均线乖离率过大时，这是买入股票的时候。当股价反弹到5日均线上方附近时，是短线卖出的最理想时机，如图5-3所示。

（3）投资者还可利用5日均线斜率进行操作，5日均线的斜率会随股价的上升不断加剧，当斜率达到45度以上时，应密切关注。实战经验表明，此时股价有可能重新上攻，一旦成交量放大，走势急且陡，应果断跟进，一般都会有较高的收益。

二、10日均线捕捉黑马股

1. 10日均线

所谓10日均线，是某只股票在市场上往前10天的平均收盘价格，其意义在于它反映了这只股票10天的平均成本。

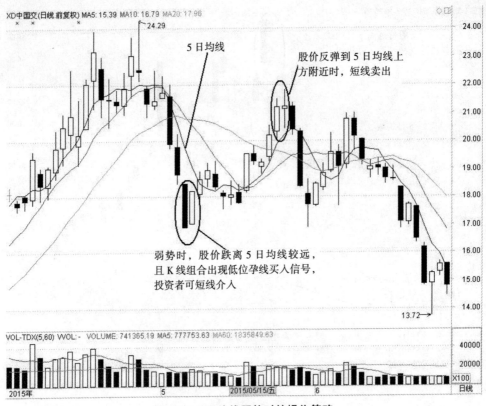

图 5-3　5 日均线弱势时的操作策略

实践证明：10 日均线是反映单边连续趋势的指标，在大盘两极的情况下，会在一段时间，通常是连续两周沿 10 日均线连续运动，一直等到股价跌破 10 日均线为止。许多个股，特别是已经控盘的庄股，或者是主力颇有信心的题材股，在主升段的走势往往也会沿着 10 日均线涨升，其结束的经典方式是大阳线的爆出。10 日均线是职业套利者能够熟练掌握的最短均线，它是研判顶部与底部的第一个提示技术，当然更为精确的分析必须结合成交量能、主力习惯时间段、经典 K 线与长线指标（如心理线与随机指标中的周 KDJ 线）。

2. 10 日均线的操作时机

由于 5 日均线起伏较大，尤其在振荡行情时该均线形象很不规则，所以买进和卖出信号较难把握。因此在多数情况下，很多投资者都是把 10 日均线作为短线买入黑马的依据。

（1）10 日均线是多空双方力量强弱的分界线，当多方力量占据优势的时候，

市场为强势状态，股价会运行在 10 日均线之上，表明更多的投资者愿意以高于最近 10 日平均成本的价格买进股票，股价自然会上涨。反之，当空方力量占据优势的时候，大势就呈现出弱势的状态，股价会运行在 10 日均线之下，说明不少投资者愿意以低于最近 10 日平均成本的价格卖出股票，股价自然会下跌。

（2）在上升趋势中，股价经过先期的快速上扬之后，由于短期获利盘太大，获利回吐必然出现而令股价调整，但只要股价不跌破 10 日均线且 10 日均线仍继续上行，说明是正常的短线强势调整，上升行情尚未结束，此时是逢低买入的再一次良机。特别是股价在 10 日均线获得支撑后又继续上涨时，说明调整已经完成，一波新的上升行情即将拉开序幕，是投资者追涨的好机会。如图 5-4 所示。

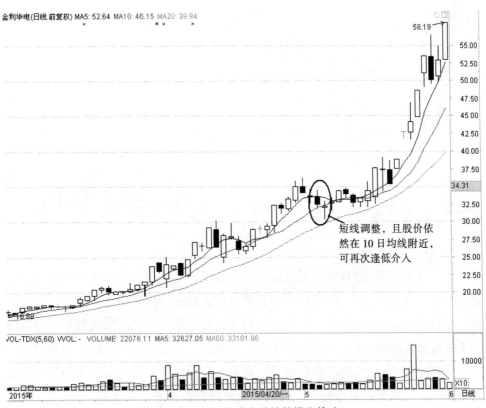

图5-4　10日均线上升趋势操作策略

（3）在上升趋势中，股价跌破 10 日均线，但 10 日均线仍上行股价很快又重回 10 日均线上方时，投资者可以伺机买进。

（4）在下跌行情中，如果某股运行在 10 日均线之下时，该股股价连续出现

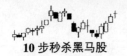
急跌或暴跌并远离 10 日均线，致使 10 日负乖离率过大，为抢反弹的好时机，甚至是中期买入良机。如图 5-5 所示。

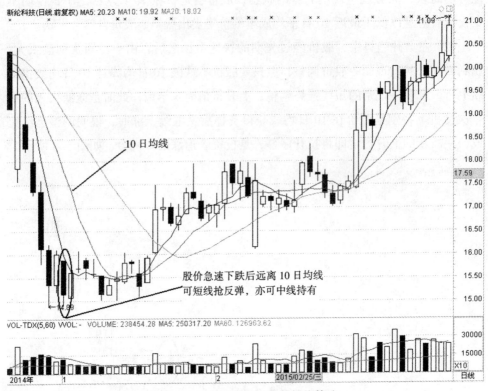

图 5-5　10 日均线下跌趋势操作策略

实践证明：用 10 日均线买入最大的优点是在上升行情的初期即可跟进而不会踏空，即使被套也有 10 日均线作为明显的止跌点，损失也不会太大。在操作中，投资者可将 10 日均线与 K 线结合起来综合应用，并以此作为判断弱势行情中大盘反弹强弱的依据。在下跌趋势中，股指经过一段时间的下跌，如果拉出的第一根阳线连 10 日均线都碰不到，就可大致断定这种阳线很难使大盘形成较大级别的反弹，更不要说反转了，此时盲目跟进风险极大。除非是一些短线高手，并能严格执行止赢止损的操作纪律，否则不要参与这种短线行情。如果拉出的第一根阳线能直接冲上 10 日均线，并在随后围绕此均线展开的振荡中成交量没有萎缩，就说明大盘在该位置可能形成一个比较可靠的阶段性底部，至少也有一个比较不错的反弹空间。在这种情况下，投资者介入获利的可能性往往较高。

三、20日均线捕捉黑马股

1. 20日均线

所谓20日均线，又可以称为万能均线，是某只股票在市场上往前20天的平均收盘价格，其意义在于它反映了这只股票20天的平均成本。

20日均线是短期均线系统中参数最大的一种移动平均线，与10日均线相比，20日均线比10日均线的时间周期间隔又要多10个交易日，故20日均线运行中的变动频率与10日均线相比，其注重趋势性变化的程度要大得多，如图5-6所示。

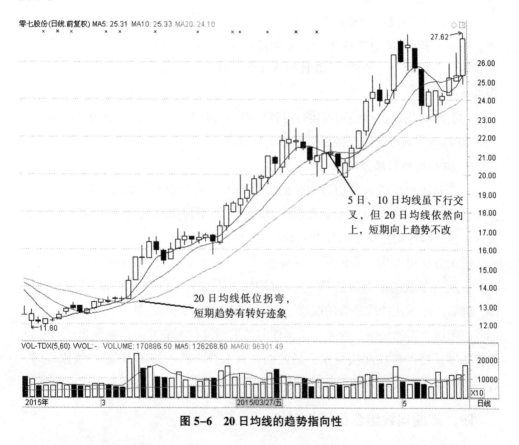

图5-6　20日均线的趋势指向性

就20日均线而言，它的意义在于周期不是很长也不是很短，所以能够真实反映出股价最为接近的趋势，它的低位拐弯意味着短期内趋势有好转的迹象，股价如果能够即时站稳其上就说明股价未来看涨，否则只能代表纯技术上的空头趋

势。这一均线是经过长时间验证其在股价间的变化作用，能在任何时候任何位置给出一个明确的买卖操作信号，这也是"万能"二字所在的真实含义。实际上，万能均线之所以万能是因为它在股价的任何时间和任何位置都能准确地给出操作信号。它的操作要点在于只要股价上穿万能均线并且有成交量放大的配合被认为买入信号，股价下破万能均线被认为卖出信号。

在具体应用中，投资者要把握以下几点：

（1）20日均线由于选取的周期参数相对要大一些，故其尽管属于短期均线的范畴，但已经开始接近中期均线了，所以在实战中，使用20日均线研判市场走势时，应考虑中短期走势，不能只考虑短期变化，否则将会出现操作上的失误。

（2）20日均线的趋势研判：上升代表中短期趋势向上，下行则表示趋势向下，所以在使用20日均线来分析走势时，还可以用其来判断市场的支撑或压力的位置，但同时一定要关注20日均线作为支撑或压力的有效性，否则将导致错误性止损。

（3）20日均线在行情箱形运行过程中将会相对平稳，即若行情的波动幅度不大，20日均线则可能出现接近平行的运行状态。

2. 20日均线的操作时机

对于初入股市或者是历经股市的涨跌而不挣钱的投资者而言，20日均线的买卖法则就是一个简单的买卖股票的方法。可简单地按照收盘价在20日均线上买入股票，收盘价跌破20日均线卖出。如图5-7所示。

这个方法很实用，我们可以看看所有暴涨的股票，股价都在20日均线上方运行，所有暴跌的股票股价都在20日均线下方运行。严格按照20日均线来操作，能够让你抓住持续暴涨的股票，可以回避持续下跌的股票。

按照这个买卖法则，就某一次操作的结果而言，可能并不是很理想。但若投资者能够始终严格按此法操作，必然能做到大挣小赔。按照20日均线操作时，若还能够考虑到大势如何、历史套牢位的距离等因素，必然能够提高成功概率。

四、短期均线组合的操作时机

（1）在空头市场中，如果股价向上突破5日均线、10日均线后并企稳，表明短线市场空翻多，买方力量增强，后市上升的可能性大，是买入时机。在空头市场中的反弹也是买入时机，特别是当股价从高位暴跌而下，股价在5日均线、10

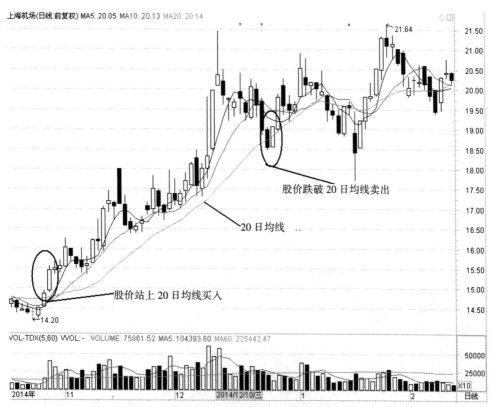

图5-7　20日均线指示的买卖点

日均线之下运行，距离10日均线很远，10日均线乖离率达到-15%~20%时，甚至更大时，表明人气散淡，恐慌性抛盘纷纷杀出，一波强力反弹即将来临，正是绝佳的买入时机。

（2）在盘整时期，如果5日均线、10日均线向右上方突破上升，那么后市震荡走高的可能性较大；如果5日均线、10日均线向右下方继续下行，那么后市震荡走低的可能性较大。

（3）在股价上升的第一波行情中，往往会有反复。实战经验表明，股价启动上升后，庄家为了获得更多的筹码，往往会采取十分凶悍的打压洗盘手法，使股价跌破5日均线甚至10日均线，跌破5日均线下探10日均线是庄家刻意打压做出的骗线。投资者应根据成交量的变化，在股价跌破5日均线时果断买入，这是加码的最佳时机。如图5-8所示。

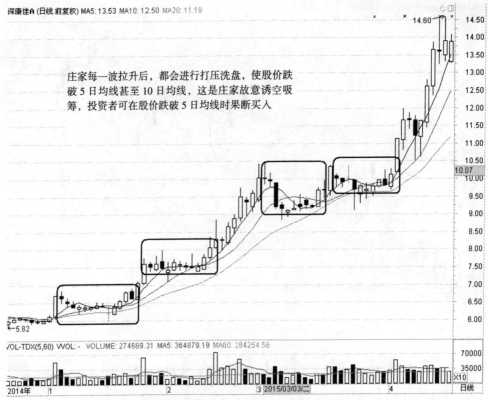

深康佳A (日线 前复权) MA5: 13.53 MA10: 12.50 MA20: 11.19

庄家每一波拉升后，都会进行打压洗盘，使股价跌破 5 日均线甚至 10 日均线，这是庄家故意诱空吸筹，投资者可在股价跌破 5 日均线时果断买入

VOL-TDX(5,60) VOL: - VOLUME: 274669.31 MA5: 364879.19 MA60: 284254.58

图 5-8 诱空洗盘时股价跌破 5 日均线提示的买入信号

（4）如果 5 日均线和 10 日均线都向上，且 5 日均线在 10 日均线上时应考虑买进。股价一般只要不击穿 10 日均线就可以继续持股，如果 10 日均线被有效击穿且 5 日均线掉头向下则应卖出。因为 10 日均线对于庄家来说非常重要，往往是其持仓成本所在，因此庄家一般不会让股价轻易跌破 10 日均线。

点金箴言

在实战中，短期均线设置得合理与否，关系到短线投资者能否在使用时正确判断波段行情。如均价线设定的天数过短，反应过于灵敏，会造成不必要的快进快出；如设定的天数过长，则均价线反应迟钝掉头速度慢于实际股价的走势，会导致短线投资者判断失误而损失惨重。均价线在股价运行中起着支撑与压力作用，短线波段操作需要中、短、长相结合。

第二节　中期均线捕捉黑马股

所谓中期均线，主要用于观察股指或个股中期运行的趋势。一般来讲，中期均线最常用的是 30 日均线与 60 日均线。从实战角度出发，利用中期均线组合分析研判大盘或个股的趋势比短期均线组合要准确可靠。

一、30 日均线捕捉黑马股

1. 30 日均线

所谓 30 日均线，属于中期均线的技术范畴，是某只股票在市场上往前 30 天的平均收盘价格，其意义在于它反映了这只股票 30 天的平均成本。

一般而言，30 日均线的应用要点如下：

（1）30 日均线的运行情况应注意 30 个交易日之内股价波动的趋势，因为 30 日均线的目的就是通过 30 个交易日市场情况来综合研判 20 日内、10 日内的股价变化过程。所以用 30 日均线来分析，应带中线操作的思想，不能急于求成。

（2）30 日均线的上下方向仍为市场行情研判的方向，同时 30 日均线也可以判断市场的中期支撑或中期压力情况，这一点在实战中是比较重要的。

（3）在应用 30 日均线做市场分析时，要密切注意 10 日均线与 20 日均线的变化，因为 10 日均线与 20 日均线的变化最终要导致 30 日均线方向的改变。

2. 30 日均线的操作时机

对于 30 日均线，投资者在应用时要把握以下几点：

（1）当股价与 30 日均线顺势同步向下，坚决不买。一般情况下，30 日均线朝下就是该股票在走下降通道，这个阶段的股票绝对不能买进。

（2）当股价经过一段时间的下跌或调整后，跌势趋缓，等到 30 日均线走平，开始关注。一旦股价带量上涨突破 30 日均线并回抽确认或 30 日均线开始上翘，就是技术上的买点。如图 5-9 所示。

（3）当股价站上 30 日均线，并同 30 日均线顺势向上，继续持有。

（4）经过一段时间的上涨，涨势末期，30 日均线开始走平，此时若股价跌破

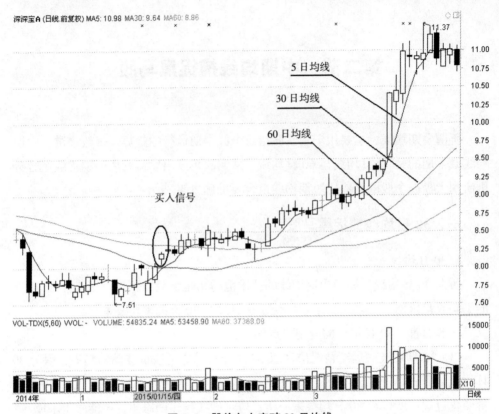

图 5-9　股价向上突破 30 日均线

30 日均线回抽，站不上 30 日均线或 30 日均线拐头向下时，便是卖点。

　　需要指出的是，30 日均线是机构庄家操盘战略战术动作展开的生命线，其中的短线操作价值务必要引起我们绝对的高度重视。在实际操作中，只要 30 日均线的方向朝下，这只股票就绝对没有产生大行情的物质基础和市场条件，就绝对不是投资者展开买进操作动作的目标对象。同时，也说明该股票处于下跌阶段。此时，正处于庄家战略性派发做空过程之中，行情下跌就是主旋律。中间偶有反弹也是为了更好地出货，这种反弹不抢也罢。

二、60 日均线捕捉黑马股

1. 60 日均线

　　所谓 60 日均线，是某只股票在市场上往前 60 天的平均收盘价格，其意义在于它反映了这只股票 60 天的平均成本。

一般而言，60 日均线是股价的生命线，跌破 60 日均线就有一定的下跌空间。大盘指数也有这种规律，当指数跌破 60 日均线后，意味着大盘有一定的下跌空间。大盘指数是由所有个股价格加权统计后产生的，而个股价格却有很大的差异：当大部分股价跌破 60 日均线时，有小部分股价仍能停留在 60 日均线之上，所谓强势股就是指这一部分股票。

2. 60 日均线的操作时机

通常情况下，指数刚开始跌破 60 日均线时，盘中可发现许多强势股，但是随着指数的不断下跌，能经得住考验、坚持在 60 日均线之上的个股会越来越少，真正的强势股能耐得住指数的不断下跌，在下一个指数上升浪发动时，仍然坚持在 60 日均线之上，这其中往往就是下一波行情的黑马苗子。

明白了这个道理，投资者不必在指数刚刚开始下跌的时候去寻找黑马苗子，事实证明，这时候选黑马往往是徒劳的。当指数逐步下跌时，空方能量会逐步减弱，表现为：阴线实体逐步减小，直到出现下影线较长的 T 字形，或十字星；成交量逐步萎缩，直至严重萎缩；5 日均线和 10 日均线的距离开始减小，直至黏合在一起。这至少说明下跌的空间越来越小，这时是观察黑马苗子的良好时机。

就 60 日均线而言，投资者在应用时要把握以下几点：

（1）60 日均线是多空双方的分水岭，是股价开始走强的标志。因此，股价上穿并站稳 60 日线，对个股具有相当重要的意义。

（2）股价上穿 60 日线，成交量需有效放大，突破 60 日线后一般会回抽确认，只要能确认支撑有效，至少都有一波上涨，应高度视成交量、阻力位的位置及阻力的强弱。如图 5-10 所示。

（3）当股价回调到 60 日线附近，不要提前介入，因为有些是会跌破 60 日线，跌破后能在 3 日内拉回，也能确认 60 日线对股价支撑的有效性。在拉回和在 60 日线上收一根阳线后，可认为在 60 日线上企稳，第二天又会收一根阴线，再次确认 60 日线有效性，第三天收阳或不创新低时，才是介入点，上穿 5 日线是加仓点。

三、30 日均线、60 日均线组合捕捉黑马股

（1）当 30 日均线上穿 60 日均线是典型的中级转势信号，其后的低点也是最佳的建仓机会。如图 5-11 所示。

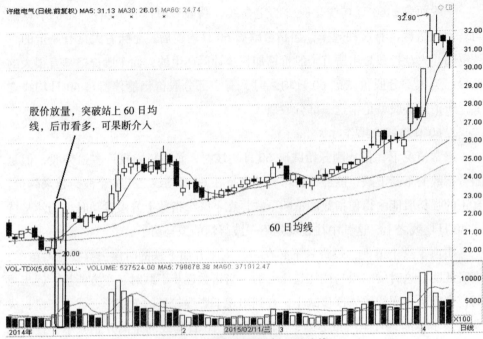

图 5-10　股价放量突破 60 日均线

图 5-11　30 日均线上穿 60 日均线

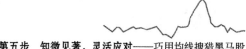

（2）当大盘经过一段较长的时间扬升后，市场的量能开始缩减，当30日均线下穿60日均线是行情结束的信号，其后的高点可果断清仓作空，把资金转投无风险品种。

点金箴言

当中期均线组合形成多头排列后，股指一路上行，并不断创下新高；虽然在上升途中10日均线和30日均线有过纠缠，但60日均线却仍在向上运行，所以如果跟进做多，收益将是十分可观的。当股指见顶回落后，10日均线和30日均线开始向下掉头，随后60日均线也掉头向下，中期均线组合形成了空头排列状态。这种形态的出现表明股指中期均线开始走坏，这时就不可再继续看多做多，而是越早离场越好。

第三节　长期均线捕捉黑马股

60日以后的均线，120日均线和250日均线都属于长期均线，主要用于观察大盘或个股的中长期趋势，其实战应用皆属于难度大、要求高的技术类型，主要原因是因为这类均线是大周期成本线，反映出对市场的分析已不是局部的变化，而是要求分析市场整体趋势的变化。

不论短期均线、中期均线还是长期均线，其本质意义都是反映市场价格的不同周期的平均成本，有的市场人士认为主力可以任意打乱各种均线。这种认识是忽略了均线的"平均成本"的真正意义，因为任意打乱计划内的均线成本，是要付出多余代价的。

一、120日均线捕捉黑马股

1. 120日均线

所谓120日均线，可称为股票价格走势的脊梁线、灵魂线。由于120日均线时间周期长，趋势一旦形成就不易改变，所以庄家不易制造骗线。

一般来讲，120日均线的作用主要有以下几点：①助涨作用。当120日均线

处于上涨状态时，有助涨作用。②重压作用。当 120 日均线处于下降趋势时，120 日均线对股票价格走势具有重压作用。120 日均线下降斜率如果比较陡，则对股票价格走势的压力更加明显，即使股票价格走势出现快速上涨，但随后往往会出现更为快速下跌的走势。

在实际操作中，对于长期均线捕捉黑马股的技巧，投资者要把握下面几点：

2. 120 日均线的操作时机

就 120 日均线而言，投资者在具体操作中要注意以下几点：

（1）利用 120 日均线处于上涨趋势时，对股票价格走势具有的助涨作用，来确定买点。即以 120 日均线作为支撑线，当股价回跌到 120 日附近时买入。如图 5-12 所示。

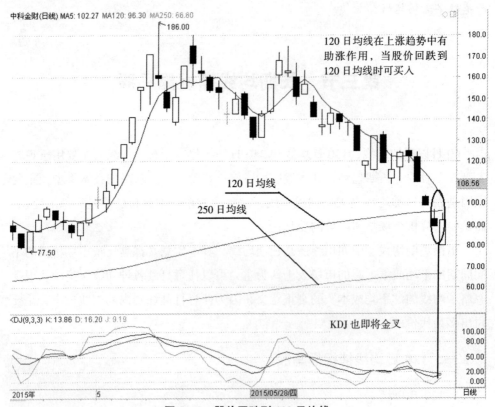

图 5-12　股价回跌到 120 日均线

（2）事实上，大多数黑马股的拉升点就在 120 日均线附近。第一种，在 120 日均线下方整理后的向上放量突破，一般的整理形态是 W 底。第二种，围绕

120 日均线上下小幅震荡整理，然后向上放量突破，整理形态不很规则。第三种，在 120 日均线上方整理，然后向上放量突破，整理形态多为 W 底，或呈"一"字形态整理。配合其他指标效果更好，主要可参考技术指标 KDJ、WR、MACD。

（3）许多庄家在操盘时，也以 120 日均线为参考线；庄家在洗盘打压价格时往往也在 120 日均线止步；长期平台整理时也往往是在 120 日均线上涨上来后进行向上突破等。

120 日均线由于变动缓慢，趋势一旦形成或改变，不论是上涨还是下跌都要持续一段时间，所以，投资者可以从 120 日均线的变动中，把握中长线的股价运动趋势。

二、250 日均线捕捉黑马股

1. 250 日均线

所谓 250 日均线，又被称为年线，是牛熊走势的分界线，如果大盘指数站上年线，则可能意味着一轮大的行情已经开始。

客观来讲，250 日均线不是用来分析一年市场趋势的均线，而是用来分析几年市场趋势的均线。

2. 250 日均线的操作时机

对于长线投资者来说，可以采用这样的操作策略：上证指数站上 250 日均线，就开始买入股票，如图 5-13 所示。

如果上证指数跌破 250 日均线，意味着熊市来临，投资者应该开始卖出股票，随后严守纪律轻仓或空仓，等待下一轮牛市的到来。这样做或许有些保守，但对于稳健型的投资者来说不失为一种比较有效的股市投资策略。这样做或许会很难受，中间可能需要忍受难耐的寂寞，但这些等待是值得的，因为有时候等待就是对财富的报答。

点金箴言

A 股市场是一个政策市，一个重大的利好消息或者利空消息随时可以改变市场运行的方向。由于投资者操作的手法不同，所以在制定操作策略时不能简单地以多还是空来决定。对于短线投资者来说，由于所获取的是短线利润，而此时短线操作是很难的，所以可以先在场外观望，等趋势明朗了再制定新的操作策略。

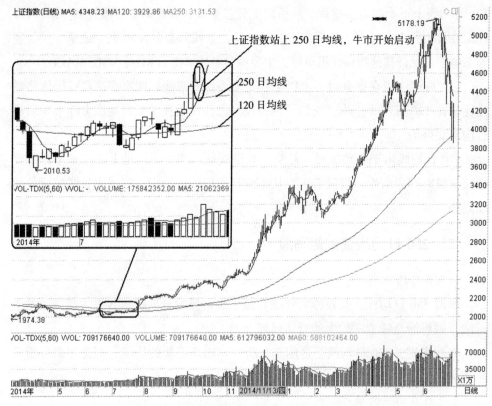

图 5-13　上证指数站上 250 日均线，牛市启动

对于中长期投资者来说，由于介入的时间早、成本低，此时可以抛出部分股票半仓操作，一来可以降低持仓成本，二来可以降低被套风险。即便股指后期继续走强，但手中还持有部分股票，也不会踏空行情。

第四节　均线交叉捕捉黑马股

一、短期均线交叉捕捉黑马股

　　股价在低位区域，当 5 日均线拉阳上穿 10 日均线形成黄金交叉时，说明 5 日内买进该股的成交量大于 10 日内买进该股的成交量，意味着该股在近期开始热门。因此，短线投资者可于此时买入股票。

在应用此方法的时候，投资者要关注以下两点：第一，股价必须处于相对低位区域。对于低位区域的判断可根据该股历史走势来进行。第二，为确认买入信号的可信度，可以结合股价 K 线图综合分析。

5 日均线、10 日均线、20 日均线相互形成黄金交叉时，是买入时机。如图5-14 所示。

图 5-14 5 日、10 日、20 日均线黄金交叉

投资者在采取此操作方法时要注意以下几点：第一，股价应处于相对低位区域。第二，均线系统与均价线系统配合使用效果更好。在 5 日均线、10 日均线、20 日均量线相互黄金交叉构成一个封闭三角形后，如果在日 K 线图上，均价线也能相互黄金交叉构成一个封闭三角形，更应该积极入市。第三，在 5 日均线、10 日均线、20 日均线相互黄金交叉构成三角形后的一段时间内，成交量不应低于三角形以下的成交量柱体高度。否则，是假信号。

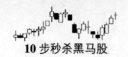
二、中期均线交叉捕捉黑马股

（1）当 10 日均线由下往上穿越 30 日均线，10 日均线在上，30 日均线在下，其交叉点就是黄金交叉，黄金交叉是多头的表现，出现黄金交叉后，后市有一定的涨幅空间，这是进场的最佳时机。

（2）10 日均线、30 日均线和 72 日均线均由上而下穿越 K 线图，则表明该股多头的气势极为旺盛，涨势已成定局，是买进时机。

（3）10 日均线、30 日均线和 72 日均线位于 K 线图下方呈平行状，则表示是多头市场，后市涨幅极大，是买进时机。如图 5-15 所示。

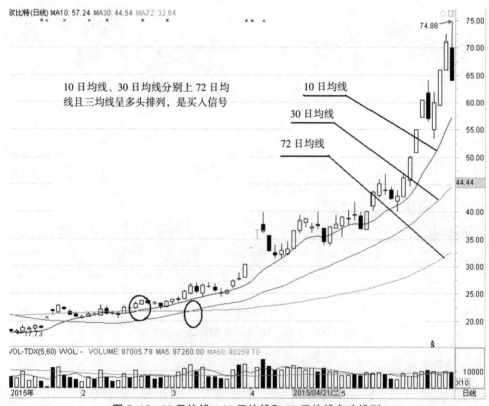

图 5-15　10 日均线、30 日均线和 72 日均线多头排列

三、长期均线交叉捕捉黑马股

黄金交叉是多头强势的表现，预示后市股价将上涨。而且，越是中长期均线

发生金叉，股价上涨的指示性越强。尤其是在经过长期大跌后（如半年、一年），更是如此。一般而言，当120日均线与250日均线金叉，为短线快速暴利的好机会。此种买点并不经常出现，当股价经过长期的下跌走势而出现上涨行情后，中长期均线120日均线上穿250日均线，形成黄金交叉，此时若股票价格反而是下跌状态，并回跌到120日均线与250日均线的交叉点附近时，这是一个短线快速获暴利的绝佳买入点。

在实际操作中，对于利用长期均线交叉捕捉黑马股，投资者可从以下几点入手：

1. 回头望月

回头望月这种技术走势的形态特征主要有以下几点：第一，股价突破120日均线压力，在120日线上盘整。第二，当20日均线从下向上穿越120日均线形成金叉买入点时，股票价格走势缩量回落也宣告结束，开始形成上涨的转点。第三，随后股票成交量放大，股票价格走势开始形成大幅的上涨行情。第四，对于回头望月这一技术走势的金叉穿却是否可靠，投资者要重点关注随后一两个交易日是否有成交量放大的配合，若叉后有量，则回头望月形态成立。

2. 快马加鞭

股价前期已经穿越了120日均线的压制，处于盘整的走势，此时20日均线正在穿越120日均线。股价升破120日均线的压力后，往往并不回跌调整，多是高位横向整理，等待着20日均线穿越120日均线，而在20日均线穿越120均线的叉点日，出现的是放量拉升的状态。

从实战的情形来看，无论是回头望月还是快马加鞭，都需要得到成交量的确认。一般情况下，若成交量有放大，形成了叉后量现象，则说明操作成功；反之，说明投资者买进的股票并不是当前的热点，捕捉到黑马股的概率较低。投资者在分析单个股票走势图时，若发现即将大量出现20日均线穿越120日均线前期走势的股票时，往往意味着不久将有一波大行情出现。

点金箴言

需要说明的是，在股市不够强势或处于震荡时，如果出现60日均线金叉120日均线，或120日均线金叉250日均线，反而是强弩之末，到了股价上涨的后期，跌势随之而来。因此，也不是中长期均线发生金叉，就能预示股价将上

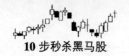

涨，还要依具体大市市况和个股的强弱而定。对于这一点，投资者一定要高度重视。

第五节 均线黏合捕捉黑马股

均线黏合究其根本，是由均线自身的特点决定的。众所周知，均线其实就是对股价的平均运算，由此可知所谓的均线黏合形态形成的原因其实就是股价经过长期的震荡整理，使得长期、短期均线数值接近形成的，从均线的角度来看是均线黏合；从形态的角度来看，是箱体整理；从筹码分布角度来看，是筹码高度集中。

一、短期均线黏合捕捉黑马股

（1）如果10日均线与5日均线黏合在一起，即使有利好消息也不可轻易跟进，应等10日均线与5日均线分离并上行时，才可视为买入时机，因为这时多方力量才真正增强，后市上升可能性较大。而当10日均线脱离缠绕区向下突破时，则后市还有相当跌幅，是短线卖出时机。

（2）一般而言，5日均线、10日均线、20日均线是判断强势股整理结束向上突破最好的三条均线。由于庄家在上一波拉升往往较为凌厉，因此回落整理时间往往跨度较大，一般均在两个月以上。因此，在两个月内三条均线的黏合应视为无效黏合，股价突破时机并不成熟，只有两个月以上的整理时间，待三条均线黏合时才是介入良机。另外，当5日均线、10日均线、20日均线黏合时，5日均线、10日均线应掉头向上，并与20日均线形成金叉，否则不介入。待到符合以上条件后均线黏合才是介入良机。如图5-16所示。

需要指出的是，有些庄家在5日均线、10日均线、20日均线三条均线黏合时，先向下突破，造成出货假象构筑空头陷阱，翻身再向上突破连创新高。这种情况是一种变式，投资者要提防。

（3）如果是5日均线、10日均线走平或上行、20日均线下行，然后三者黏合，这种情况下的K线形态往往是经过阶段性下跌之后的中继形态或者底部形

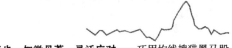

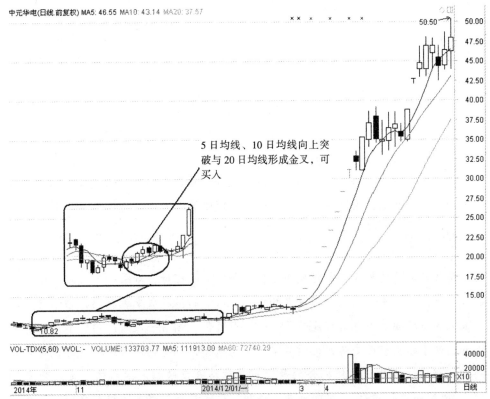

5日均线、10日均线向上突破与20日均线形成金叉，可买入

图5-16　5日均线、10日均线、20日均线的有效黏合

态。到底是底部还是下跌中继，取决于均线如何发散。如果"下发散"，则属于下跌中继；如果"上发散"，则属于阶段性的底部。如果是5日均线、10日均线走平或下行、20日均线上行，然后三者黏合，这种情况下的K线形态往往是经过阶段性上升之后的中继形态或顶部形态。到底是顶部还是上升中继，取决于均线如何发散。如果"上发散"，则可能是在上升中继形态的基础上展开新一波上升，如果是下发散，则谨防已经处于顶部。

二、中期均线黏合捕捉黑马股

要有宽阔的底部，30日均线及其增加线回归黏合，股价站稳于线上，并于这一阶段中，股价经历漫长的下跌后最好经一次放量反弹后再次缩量二次探底创新低后止跌，其后不断有温和的成交量放大现象，并于几次主动放量上攻触及120日均线，主动修复乖离过大的均线系统，使30日均线、60日均线、120日

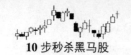
均线走平黏合后即可考虑进入。

经过长期下跌后的个股，当30日均线一旦横向走平就应开始特别注意：

（1）30天以前买进该股票的人已经处于保本的状态，已经从亏损套牢中解放出来，处于将要盈利的阶段。5日均线和10日均线与30日均线横向黏合，说明中短线投资者的成本趋于一致。市场中已基本没有套牢亏损盘，因而促使广大投资者卖出该股票的下跌恐惧心理已基本消失，也就是说下跌动力基本消失。

（2）从流通筹码的角度来看，就是浮动筹码基本消失。所有的获利盘、套牢盘、割肉斩仓盘也已基本完成出局的操作动作。此时多空市场力量基本达到相对的平衡，伴随而来的市场特征就是成交量的极度萎缩低迷，地量由此产生。

点金箴言

均线是反映股票在一定时期内平均交易成本的指标，如果一只股票处于均线黏合状态，说明不管是短期买入者和中期买入者的持股成本都相同，预示着他们在未来的市场操作中也有可能趋于一致。而股价在相当一段时间内既不下跌也不上升，处于横盘整理走势，说明多空力量均衡，持股者中多长线投资者，持股心态比较稳定。因此，均线黏合的最大市场意义是反映持股者心态稳定，观点相同，"团结一致向前看"。事实也充分证明：均线黏合形态是比较可靠的股价企稳信号。该形态一旦突破，其升幅一般都很大。投资者发现这类走势的股票以后应该重点关注，及时介入。

第六步　经典明阳，招招盈利
——用 K 线组合出击黑马股

第一节　单根 K 线捕捉黑马股

一、大阳线捕捉黑马股

1. 什么是大阳线

所谓大阳线，通常指涨幅在 5% 以上的 K 线。表示最高价与收盘价相同（或略高于收盘价），最低价与开盘价一样（或略低于开盘价），上下没有影线或影线很短，如图 6-1 所示。2015 年 6 月 1 日，交通银行 6.83 元开盘，7.50 元涨停价收盘，在 K 线图中拉出一根大阳线。

大阳线一般表示多头战胜空头，获得压倒性优势，后市继续上涨可能性很大。可以说市场没人不喜欢大阳线，它也是投资者追进的信号之一。

一般来讲，大阳线的特征可以归纳为以下几点：第一，无论股价处于什么态势都有可能出现；第二，阳线实体相对较长，并可捎带上下影线；第三，阳线实体越长，则力量越强，反之，则力量越弱；第四，在涨停板制度下，最大的日阳线实体可达当日开盘价的 20%，即以涨停板开盘，涨停板收盘。

2. 如何利用大阳线捕捉黑马股

在实际操作中，如果股价刚开始上涨时出现大阳线，则表明股票有加速上扬的意味，投资者可买入；如果其出现在股价上涨途中，则表明股价可能继续上

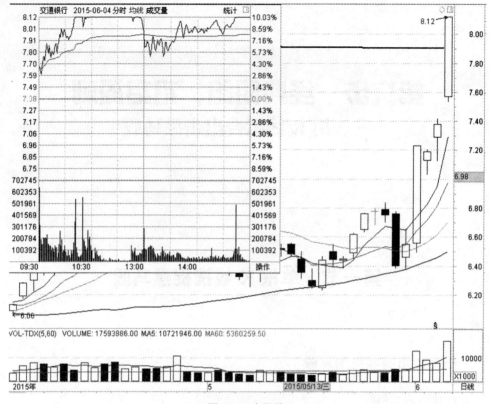

图 6-1　大阳线

涨，投资者可继续做多；如果出现在股价连续上涨过程中，则表明是股价见顶信号，投资者此时应考虑出货；如果在连续下跌过程中出现大阳线，则表明股价有见底回升的兆头，此时投资者可逢低适量买入。如图 6-2 所示。

　　中国铁建自 2012 年 1 月开始股价在 3~5 元横盘整理将近两年半，2014 年 10月 28 日放出底部拉涨停大阳线，股价突破 6 元区域开始进入上升趋势后，于 10月 30 日又拉出一个涨幅达 7.74% 的大阳线（A 点）。2014 年 12 月 8 日，中国铁建出现一个涨幅达 9.88% 以上的大阳线（B 点），以此为标志，该股进入初步拉升期，2014 年 12 月 17~20 日，中国铁建连拉四个涨停后进入中继横盘整理，即使中继横盘整理时，中国铁建也有大阳线不断出现。2015 年 3 月 19 日，中国铁建拉出一根涨停大阳线，突破中继横盘整理，又开始了不断上涨之旅。2015 年 4月 28 日，中国铁建拉出一个带有长上下影中阳线后开始筑顶回落（C 点）。

图 6-2 中国铁建的走势图

因此，低位的大阳线通常是多头掌控局势的表现，如果有量能配合，就更为可靠。投资者可据此信号介入。需要说明的是，如果股价已经高高在上，出现大阳线预示着做多动能日渐耗尽，也有可能是多头在故意大幅拉高股价，造成强势上攻的假象，诱惑散户接盘。如果在高位巨量收出大阳线，这种大阳线是诱多陷阱的可能性就更大。投资者应区别对待。

二、光头阳线捕捉黑马股

1. 什么是光头阳线

所谓光头阳线，是指收盘价与全天最高价相同，没有上影线但可以带有下影线的阳K线。光头阳线的出现表明主力做多意愿强烈，股价后期上涨的概率加大。如图 6-3 所示。

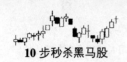

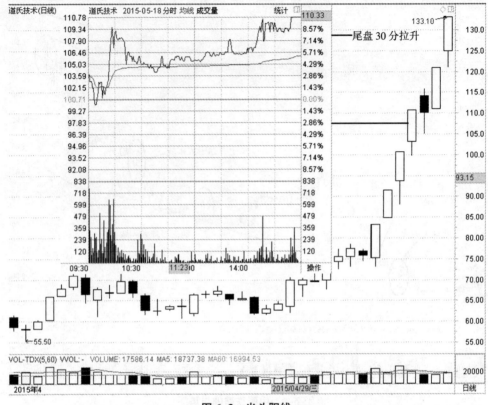

图 6-3　光头阳线

在 K 线经典形态中，光头阳线是后市看多一个比较经典的形态，一般光头阳线的形成有一个特点，就是在尾盘 30 分钟股价持续拉高，当日收盘价在最高点，同时光头阳线也有很多种。例如有光头小阳线、光头大阳线以及长下影线光头阳线等。

2. 如何利用光头阳线捕捉黑马股

一般来讲，如果光头阳线出现在低价位区域，在分时走势图上表现为股价探底后逐浪走高且成交量同时放大，预示为一轮上升行情的开始。如果光头阳线出现在上升行情途中，则有着助涨的作用，表明后市继续看好。

在具体操作中，投资者要把握一个原则，那就是当光头阳线在上升途中出现时，只要上升趋势不变，便可介入。但当上升趋势开始出现横向整理或是干脆掉头向下转为下降趋势时，那么即便这根阳线收得再好再漂亮也要远离，因为此时出现的光头阳线就极可能是主力设下的多头陷阱。如图 6-4 所示。

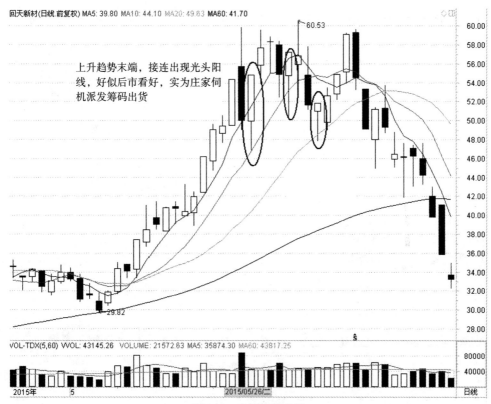

回天新材(日线.前复权) MA5: 39.80 MA10: 44.10 MA20: 49.63 MA60: 41.70

上升趋势末端，接连出现光头阳线，好似后市看好，实为庄家伺机派发筹码出货

图 6-4　光头阳线陷阱

三、光脚阳线捕捉黑马股

所谓光脚阳线，是一种带上影线的红实体，如图 6-5 所示。光脚阳线开盘价即成为全日最低价，开盘后，买方占据明显优势，股票价格不断盘升，表示上升势头很强，但在高价位处多空双方有分歧，股价下跌，最终仍以阳线报收。

通常来讲，如果在低价位区域出现光脚阳线，且实体部分比上影线长，表明买方开始聚积上攻的能量，进行第一次试盘。如果在高价位区域出现光脚阳线，且实体部分比上影线短，表明买方上攻的能量开始衰竭，卖方的能量不断增强，行情有可能在此发生逆转。

四、十字星捕捉黑马股

1. 什么是十字星

在 K 线中，开盘价到收盘价之间的价格段称为实体，价格波动超出实体之

外的部分称为影线，实体上下都有较实体长的影线就叫十字星。如图 6-6 所示。

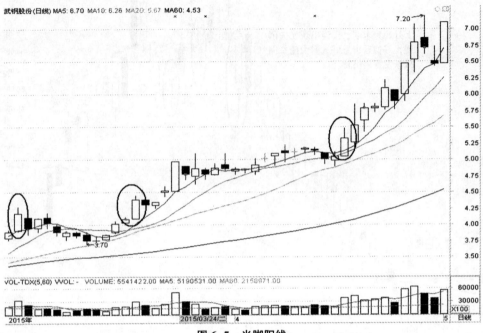

图 6-5　光脚阳线

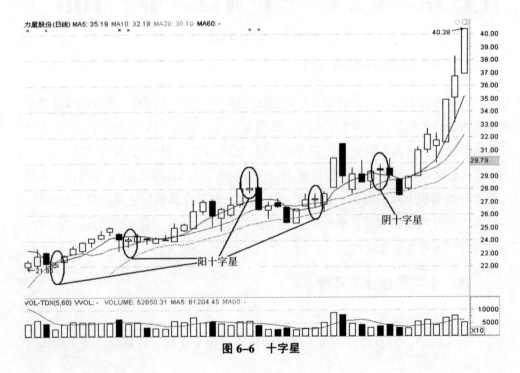

图 6-6　十字星

2. 如何利用十字星捕捉黑马股

在实际操作中，利用十字星寻找黑马股要关注以下几点：

（1）从量能方面分析。出现十字星走势后，行情能否上升，并演变成真正具有一定动力的强势行情，成交量是其中一个决定性因素，如图6-7所示。

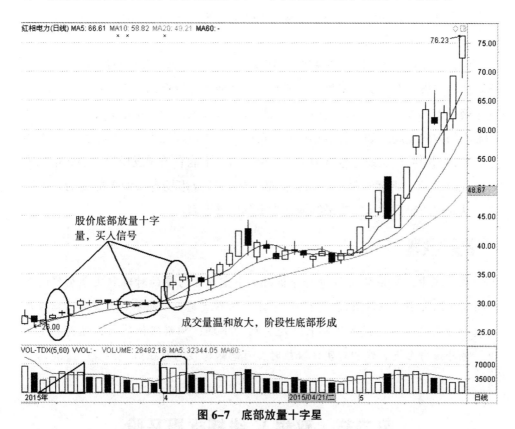

图6-7　底部放量十字星

一般情况下，在十字星形成前后，如果量能始终能保持温和放大，十字星将会演化成阶段性底部形态；如果形成十字星走势时成交量不能维持持续放量，显示市场增量资金入市多处于疑虑观望状态中，则将容易形成下降中继形态。

（2）从市场走势方面分析。如果股指是处于反复震荡筑底的走势中出现的十字星大多属于阶段性底部形态，投资者可以适当参与。如果股指处于下降通道中形成的十字星，大多属于下降中继形态，投资者不能轻易买进。

（3）从成交密集区进行分析。由于影响股票供求的因素和人们的心理因素时刻在变化，这导致了股价经常处于波动之中。从K线图形来看，股价的涨跌过

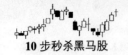

程，无论是周 K 线或日 K 线，都会在某价位区内停留一段时间，少则几根，多则几十根。这个 K 线集中且成交量较大的价位区称为成交密集区。通常多头与空头实力变化决定成交密集区面积的大小。

通常来讲，当所形成的十字星离上档成交密集区的核心地带越近，越容易形成下降中继形态；当所形成的十字星离上档成交密集区的核心地带越远，则越容易形成阶段性底部形态。

（4）从行情热点分析。如果热点趋于集中，并且保持一定的持续性和号召力，将会使热点板块有效形成聚焦化特征时，就会使增量资金的介入具有方向感，有利于聚拢市场人气和资金，使后市行情得以健康发展，则十字星必然向阶段性底部形态的方向发展。如果行情热点并不集中，而且持续性不强。热点呈现多方出击态势，则说明热点缺乏号召力和资金凝聚力，不能有效激发稳定上扬的市场人气。此时，热点将逐渐趋于大面积扩散，容易造成市场有限做多能量的迅速衰竭，从而使所出现的十字星最终演化为下降中继形态。

点金箴言

在实战中，应用单 K 线进行分析时，多空双方力量的对比取决于影线的长短与实体的大小。一般来说，指向一个方向的影线越长，越不利于股票价格今后向这个方向变动。阴线实体越长，越有利于下跌；阳线实体越长，越有利于上涨。另外，当上下影线相对实体较短时，可忽略影线的存在。

第二节　双根 K 线捕捉黑马股

一、底部现大阳线捕捉黑马股

1. 底部现大阳线

所谓底部现大阳线，是由两根走势完全相反的较长 K 线构成，前一天为阴线，后一天为阳线。第二天阳线向下跳空低开，开盘价远低于前一天的收盘价；但第二天的收盘价却高于前一天的收盘价，并且阳线的收盘价深入第一根阴线的

实体部分中，几乎达到前一天阴线实体的一半左右的位置。如图 6-8 所示。

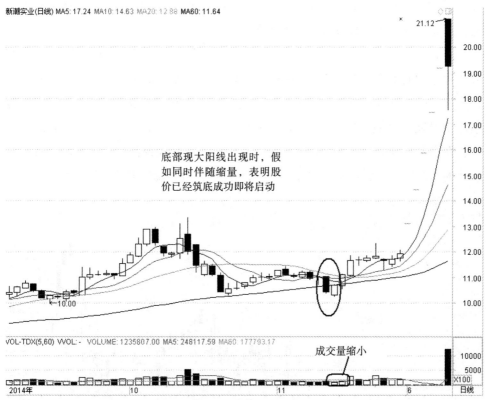

图 6-8　底部现大阳线

2. 如何利用底部现大阳线捕捉黑马股

在实际操作中，投资者利用底部现大阳线这种 K 线组合捕捉黑马股的时候，要把握好以下三点：第一，量能的变化情况。伴随 K 线组合形态同时出现缩量，表明股价已经筑底成功。第二，股价所处的环境位置很重要，如果个股涨幅过大时，出现底部现大阳线 K 线组合形态，则有骗线的可能性。第三，出现底部现大阳线 K 线组合形态后，如果股价立即展开上升行情，则力度往往并不大。相反，出现底部现大阳线后，股价有一个短暂的蓄势整理过程的，往往会爆发强劲的个股行情。

作为一个见底形态，底部现大阳线的出现，说明股价下跌动能已经接近衰竭，后市可能转为上涨。一般来讲，在股市下跌行情中出现底部现大阳线，投资者可考虑买入；若出现底部现大阳线后股价反转上扬，则可大胆买进。如果某个

底部现大阳线形态中，第二天的开市价不仅向下突破前一天最低价，同时还突破数天、数周、数月等历史低位或支撑位，而失守上涨，后市很可能就是不破反涨，形成上扬趋势，投资者应及时买入。

图 6-9 为青岛海尔 2015 年 2 月 11 日至 6 月 2 日 K 线走势图，图中标注部分，称作"底部现大阳线"。该股经过一段缓慢上涨盘整后，于 3 月 3 日开始一路下跌，至 3 月 6 日收出一根大阴线。当时市场各方人士纷纷揣测，以为青岛海尔出现暴跌，恐慌气氛异常严重。可是，下一个交易日即 3 月 9 日该股低开高走，在多方买盘的介入下，最终收出一根中阳线，其收盘价直插入到前一日阴棒实体的 1/2 以上。结果 3 月 11 日该股以涨停价报收，随后股价一路走高。

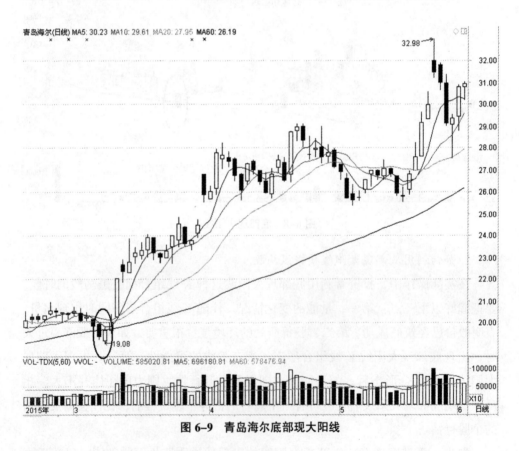

图 6-9　青岛海尔底部现大阳线

另外，当底部现大阳线 K 线组合在熊市中应用时，要加上一个附加条件，那就是底部现大阳线第二根阳线的最低价必须是 13 个交易日以来的最低价，这主要是用于避免投资者在熊市中贸然追高，防止增大操作风险。但是，如果市场趋势向好，股市运行在牛市行情中时，投资者则不必过于拘泥这条规则。因为，牛市中股价涨多跌少，如果强调买入 13 天以来的最低价，就会错失良机。

二、低位孕线捕捉黑马股

1. 低位孕线

股价经长时间的阴跌后，一日在低价位收一条实体较长的 K 线，第二日收一条实体相对来说要短一些的 K 线，其上方与下方均未超过前一个交易日的幅度，此种 K 线组合称为低位孕线。低位孕线分"阳孕阴"、"阴孕阳"（如图 6-10 所示）、"阴孕阴"、"阳孕阳"、"十字星孕线"等形态。在低价区，上述形态均为买入信号。

图 6-10　低位孕线之阴孕阳

2. 低位孕线捕捉黑马股

投资者在运用低位孕线捕捉黑马股时，应注意以下几个方面：

第一，左边的 K 线必须是实体阳线，可以带有上下影线，但如果是光头光脚的中阳线或大阳线并伴随着成交量放出，可信度会比较高。

第二，右边的 K 线实体可以是阳线也可以是阴线，但是绝对不可以超过左边阳线的 K 线实体。右边的 K 线也可以带有上下影线，但是影线越短越可信。

第三，高位中的阳孕阴孕线，多为天顶信号，该孕线出现后，股价至少要出

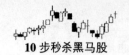
现一波中级以上的下跌行情，投资者要注意及时卖出。

第四，低位出现的阳孕阴孕线，多为大底信号，孕线过后会出现一波中级以上的上涨行情，投资者应多加关注此处的孕线形态，一旦确认，就应该果断进场，以免错失进货良机。

投资者需要注意的是，低价位的孕线是可信的买入点位。但要严格分析，孕线是不是真正的低位，若处在下降途中的孕线，则是继续卖出的信号。

三、底部大阳反转捕捉黑马股

1. 底部大阳反转

底部大阳反转出现在下跌市场上，由两根 K 线组成，前一天为阴线，第二天为阳线。第二天阳线向下跳空低开，开盘价远低于前一天的收盘价；但第二天的收盘价却高于前一天的收盘价，并且阳线实体应超过阴线实体，几乎达到前一天阴线实体的一半左右的位置，这种形态就是底部大阳反转。如图 6-11 所示。

图 6-11 底部大阳反转

底部大阳反转的形成原理为：股价在经过一段时间的下跌之后，整体下跌动能消耗殆尽，但卖方依然想再创新低，大力打压价格。底部大阳反转形态第一天疲弱的阴线加强了这种预期。第二天市场以向下跳空形式开市，到此为止，卖方力量依然很强大，可是后来，出现大量承接买盘，价格上扬，并最终收出大阳线，并且一般上穿前一实体50%以上。卖方开始对手上的空头忐忑不安起来，加上一些一直寻求市场低位待机买进者，市场不能维持在这个低位，可能结束前期跌势，开始回暖，这也是入市做多的一个机会。

2. 底部大阳反转捕捉黑马股

投资者在利用底部大阳反转提示的买点捕捉黑马股时，要注意以下几方面：

首先，虽然底部大阳反转是一个见底标志，预示价格下跌动能耗尽，可能后市转而上扬，投资者可以制定建多策略。但是，投资者需要知道的是，最初要轻仓，也不要被第一天的大阴线所迷惑，还要看第二天走势是否上涨，确定反转上扬。

其次，如果某个底部大阳反转形态中，第二天的开市价不仅向下突破前一天最低价，同时还突破数天、数周、数月等历史低位或支撑位，而失守上涨，后市很可能就是不破反涨，形成上扬趋势。

最后，在底部大阳反转做多时候，一种参考设定止损的位置是在第二天形成的新低价格水平上。

点金箴言

在股市中，两根K线的组合情况非常多，要考虑两根K线的阴阳、高低、上下影线，一句话，两根K线能够组成的组合数不胜数。在这些两根K线的组合中，当上述形态出现的时候，行情一般会上涨。

第三节　三根K线捕捉黑马股

在实战中，投资者不仅需要观察单根K线与两根K线，还需要分析三根K线及多根K线组合。通过对不同K线组合的研究与分析，投资者可以观察出买

方力量与卖方力量的强弱变化，进而指导自己的操作。

一、底部星线反转捕捉黑马股

1. 底部星线反转

底部星线反转形态，俗称启明星，其形态特征是它前面有一根长长的阴线，随后出现了一个向下跳空的星线，再随后出现了一根长长的阳线，它明显地向上推进到第一根阴线实体之内。底部星线反转形态，预示着价格的上涨（如图 6-12 所示）。底部星形反转，理想的形态是星线与第三根阳线之间也要形成价格跳空，但这种情况似乎不容易见到，所以可以适当灵活掌握。

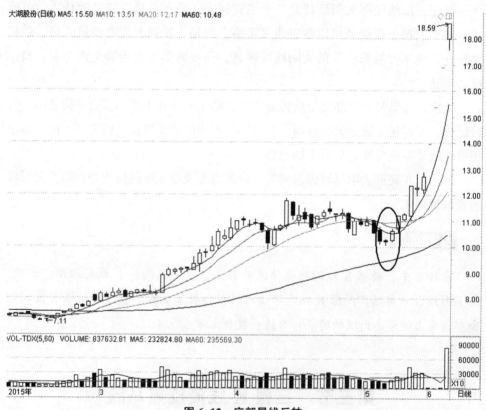

图 6-12　底部星线反转

2. 底部星线反转捕捉黑马股

底部星线反转是一种极为常见的、典型的、准确性很高的底部转势信号。实战经验表明，如果底部现阳线反转的组合形态出现在股价运动场下跌的趋势末期，或者出现在股价暴跌的极大跌幅处，那么它的准确性往往很高。投资者对盘面出现的每一种底部现阳线反转组合形态都应当引起足够的重视。

在实际操作中，投资者在运用底部星线反转进行技术分析时，应当特别注意它的向下跳空缺口。通常情况下，这种缺口就是第二根K线形态的实体部分与它前后的K线的实体部分之间所存在的缺口。如果第三根阳线的收盘价出现向上冲高的情形，而且深入第一根阴线实体部分的50%以上，那么这样的组合形态更能说明此时市场上做多的一方动能充足，气势强劲，后市股价上升的力度是不可小视的。

另外，需要说明的是，底部星线反转这一K线组合有时也会成为庄家制造陷阱的工具。一般来讲，如果出现下述现象中的一种，则有可能构成假底部现阳线反转；如果同时出现其中之两种以上现象，则假底部现阳线反转确立。即在第三天拉阳线时，成交量没有放大；第四天没有拉出阳线；股价下跌超过第三天阳线实体的1/2处。

二、底部现三大阳线捕捉黑马股

1. 底部现三大阳线

在所有技术指标当中，反转的技术信号最引人注目。其中有一种技术图形就是我们常说的"底部现三大阳线"，它往往是一个阶段性底部的标志。

所谓底部现三大阳线，是指股价在底部区域经过较长时间的盘整，连续拉出三根阳线的一种K线组合。如图6-13所示。

就底部现三大阳线的特征而言，可以归纳为以下几点：第一，在股票运行过程中连续出现三根阳线，每天的收盘价高于前一天的收盘价。第二，每天的开盘价在前一天阳线的实体之内。第三，每天的收盘价在当天的最高点或接近最高点。

需要指出的是，不少投资者往往简单地根据技术形态来下定义，认为底部现三大阳线是股指出现了连续三根阳线的技术形态。实际上，该技术形态的形成需要几个方面的特征同时出现：第一是在形态上确实出现了连续的三根阳线，并且上涨实体不断增长，这表明市场做多的力量在不断增强，形成了共同的市场认识；第二就成交量而言，则是稳步温和放大的，这表明上涨得到了成交量的有效配合，是有资金推动的；第三则是在经历了一轮上涨行情后开始回调持续下跌的尾市，大盘成交也是处于相对低迷的情况下出现的。

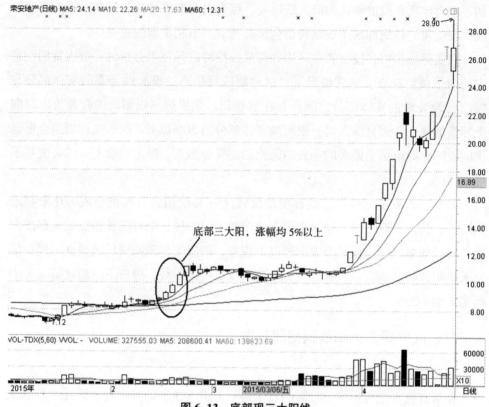

图 6-13　底部现三大阳线

2. 底部现三大阳线捕捉黑马股

通常情况下，底部现三大阳线是不会在持续下跌并创出新低的市场中出现的。换言之，如果市场是持续几年的长期熊市，见底信号不会出现该技术形态，熊转牛的技术形态往往会呈现当日反转的长阳。而"底部现三大阳线"则一般是在一轮上涨行情结束后进入阶段性调整，后市将创出高于前期高点的行情中出现。也就是前一轮行情告一段落，市场出现了相对较深的跌幅的时候出现。而且，所谓的"底部现三大阳线"一般都是实体较小的，也就是涨幅多数不会太大。另外，"底部现三大阳线"出现的时候，市场成交往往处于一个相对的地量当中，虽然其成交量在及时、持续地放大，但仍处于较低的水平。

从实战情形来看，"底部现三大阳线"的出现，是一个不错的参与时机，它不会像有的个股直接涨停而难以买入。但出现"底部现三大阳线"之后往往第四根是幅度更大的阳线（见图 6-13），这是一种技术上的确认，此时也是最佳的参与时机。

事实上，作为较为温和的见底反弹形态，底部现三大阳线不具备突发性和爆发性，不是大逆转行情的标志，而是前一轮较大行情后陷入中期调整后见底的信号。其实，这点就是要提醒投资者必须从那些有惊人上涨幅度之后又经历较长时间调整的个股中去寻找此类转折中的投资机会。建议从那些创出历史新高之后、股价出现了较为深度调整但从基本面判断后市还将出现更高价位的品种中去寻找，"底部现三大阳线"一般不会在持续上涨的中途出现。

需要说明的是，底部现三大阳线是稳健的走势形态，但也说明上升速度缓慢，从另一个角度说就是多头力量不够强大，行动迟疑。因此，投资者经常在高位看见底部现三大阳线一步三回头，最后坚持不住，股价反转下跌。而不明就里的投资者看到底部现三大阳线还以为是稳健的上涨，结果掉进陷阱里，套住没商量。如图 6-14 所示。

图 6-14　底部现三大阳线陷阱

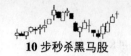

了解了底部现三大阳线陷阱，投资者就需要掌握应对陷阱的方法。一般识别底部现三大阳线是否为陷阱的依据主要有以下几点：第一，关注股价的位置。在低位的底部现三大阳线是多头逐步建仓的表现，后市继续上涨的可能性大。如果是上升末期，即涨幅已大的情况下，底部现三大阳线反而说明继续上涨乏力，股价很可能很快见顶。在下跌途中也经常看到底部现三大阳线，这是弱势反弹的表现，不要轻易追进。第二，关注量能的变化。如果量能稳步放大则应是主力稳健介入的表现。如果量能非常不规则，特别是第三根阳线的时候突然放量，则有可能引发回调。第三，关注底部现三大阳线是否有上下影线。光头光脚的底部现三大阳线比有上下影线的底部现三大阳线走势更为稳健。第四，关注后市的发展。

三、两阳夹一阴捕捉黑马股

1. 两阳夹一阴

在上升趋势中，股价也不能天天上涨或每天都以阳线报收，也有回调整理即下跌或以阴线收盘的时候，只要上攻形态未被破坏，后市仍会继续上涨。因此，在上升趋势中出现的调整就是逢低买入的时机，较为常见和可靠的是两阳夹一阴的形态。

所谓两阳夹一阴，又可以称为多方炮，通常是在股价连续收阳线之后，股价高开或平开低走以中小阴线报收，但其后的一个交易日股价却高开高走以中长阳线收盘，并将前一根阴线收复，这是非常典型的上攻形态，往往后市还会继续上涨，中间的一根阴线仅仅是上升中的强势调整而已。一般在上升行情中的强势股或强庄股中出现较多且非常可靠。如图 6-15 所示。

事实上，当两阳夹一阴形态出现后，股价未必一定上涨，而接下来的走势十分关键：如果接下来股价出现跳空上行或继续放量上攻的情形，表明多方炮的技术意义有效，这时称之为多方开炮，两阳夹一阴的 K 线组合亦称"炮台"，表明后市股价将有上升空间。如果接下来股价没有出现跳空向上涨升或继续放量上攻的情形（也就是说无法持续向上攻击的势头），多方炮将变成哑炮，形成多头陷阱，股价将回落到原来的整理区间继续盘整，甚至于出现向下破位的情形。所以，并不是看见一个两阳夹一阴就认为它是多方炮，因为哑炮很多。

2. 两阳夹一阴捕捉黑马股

在实际操作中，如果两阳夹一阴出现在上升行情中的强势股或强庄股中，其

中元华电(日线,前复权) MA5: 52.63 MA10: 49.55 MA20: 44.73 MA60: 25.81

VOL-TDX(5,60) VOL: - VOLUME: 108044.68 MA5: 85052.40 MA60:77669.25

图 6-15　两阳夹一阴

买入信号非常可靠，短线遇上此种形态时可以买入。具体来讲，投资者在跟进时机的选择上，要把握好以下几点：

（1）两阳夹一阴若出现在股价刚突破底部之时且阳线伴随较大的成交量，买入信号更为可靠，这意味着涨势刚刚拉开序幕。

（2）对于强势股，收阴线时就应是买入时机，只是此时买入不如待确认第二日收阳线时买入可靠性更高，因为收阴线后接下来一日的走势非常关键，一旦再收阴线有可能形成短期头部或调整的时间延长。因此，两阳夹一阴的最佳买入时机应在阴线之后收阳线的当日尾盘或第二天跳高开盘之时，特别是短线投机更应如此，止损点可定在阴线最低价被跌破时。

（3）在上升行情中，除两阳夹一阴外，有时也出现两阳夹数阴的形态，一般以两根或三根小阴线居多，且两根或三根阴线未能将前一根阳线吞掉，其后一根阳线将前面的数根阴线全部收复。这也是涨势中短暂的调整蓄势上攻形态，后市

仍会继续上涨，短线操作者可于后一根阳线形成后快速介入。

四、上升三法捕捉黑马股

1. 上升三法

股价持续上涨中，某日出现一根长长的大阳线，隔日后连续出现三根依次下降的小实体 K 线（这群小实体 K 线的理想数目是 3 根，但如果比 3 根再多 1 根也可以接受，条件是这群小实体 K 线基本上都局限在前面那根长长的红色 K 线的价格范围之内），最后一天又出现了一根长长的大阳线，并且它的收市价高于第一根大阳线的收市价，同时，最后这根 K 线的开盘价也应当高于前一天的收市价（如图 6-16 所示），这就是上升三法，通常被视为另一波上涨的信号。

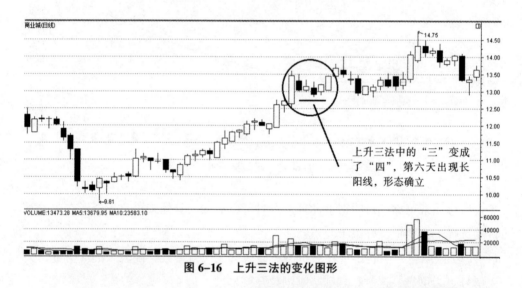

图 6-16　上升三法的变化图形

在本形态中，主要应注意两点：一是形态中间的三根小阴阳线。如果上升三法中的三根小阴阳线击穿了第一根长阳线的最低，形态即宣告失败。二是第五根阴阳线的长度。原则上第五根越长越有效，收盘价最好是能创出新高。如果第五根阴阳线的收盘价不能突破第一根阳线的收盘价，则形态难以成立。

2. 上升三法捕捉黑马股

在持续上涨的行情里，投资者热情高涨，旺盛的买气、汹涌的跟风盘常常打乱了主力机构的操作计划，而主力机构就会采取洗盘手段来清洗浮动筹码。"上升三法"就是主力机构制造突破后连续回落，股价看似已见顶的假象，逼迫跟风盘斩仓出逃的经典手法。

这一K线组合蕴含的意义是，由于股票连续上涨，市场投资者已看出该股明显有主力介入，于是跟风盘纷纷追入，导致该股出现大阳线。主力眼看跟风盘涌入抢筹，流动筹码增加给其操盘增加不确定性，该机构在大阳线当日逢高派发，并决定清洗浮动筹码。此后三日，该机构可以通过打压股价，制造出三根阴线，形成股价冲高未果，主力机构逐步派发筹码的现象，逼使短线客离场，跟风盘出逃，并乘机吸筹。达到清洗浮筹目的后，主力机构再度进场，再也不给短线客逢低补货坐轿的机会。图6-17是人民同泰2014年12月19日至2015年5月25日期间的日K线图。2014年12月22日人民同泰结束阶段性调整，连续三天上涨，这标志着该股将进入上升趋势之中，在接下来的三天，出现了三根极小的K线，有阳线有阴线，这些K线全部处在12月24日那个大阳线的体内，在第三

图6-17　上升三法的标准图形

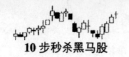

根小K线后，12月30日出现了一根高高耸起的光头光脚大阳线，其最高价格远远超过了24日大阳线的最高价格，虽然其开盘价并没有高于它前一个K线的收盘价，但毫不影响上升三法的持续看涨的效果。

点金箴言

在实际操作中，投资者实不仅要看一至二根K线，还要看三至多根的K线组合，买卖双方决战时对抗力量的强弱变化，便可清晰洞察，双方的胜负一目了然。而且，通过三根K线的组合，能推衍出多根K线的变化分析，这些组合的定势在实战中要细微体察，方能真正掌握阴阳K线的精髓。

第七步 他山之石，可以攻玉
——巧借切线捕捉黑马股

第一节 趋势线捕捉黑马股

在所有股票预测理论中，有一种预测比较简单而且十分有效，投资者只要通过画出简单的直线就基本可以捕捉到股票的买入点，这就是趋势理论。一旦一个股票的运行形成了一定的趋势，那么该股还将沿该趋势继续进行下去。

一、认识趋势线

1. 趋势线的定义

在一个价格运动当中，如果其包含的波峰和波谷都相应地高于前一个波峰和波谷，那么就称为上涨趋势；反之，如果其包含的波峰和波谷都低于前一个波峰和波谷，那么就称为下跌趋势。如图 7-1 所示。

如果后面的波峰与波谷都基本与前面的波峰和波谷持平，那么称为振荡趋势，或者横盘趋势，或者无趋。

在许多时候，股价上升下跌波动不但遵循趋势，且许多下跌趋势的高点，都止于同一条向下倾斜的直线上；上涨趋势的低点多数都落在同一条向上倾斜的直线上，就连持续几年的原始趋势有时也同样如此。也就是说，股价的上升波动是由一连串股价波动组成，这些波动的低点相连接，就形成了一条向上倾斜的直线。下跌波动有时也同样是由一连串的波动组成，这些波动的高点相连接，就形

图 7-1　上升趋势和下降趋势

成一条向下倾斜的直线。有时这一条直线既不向上倾斜，也不向下倾斜，而是横向波动。不论这些直线的波动方向是向下还是向上或者横向波动，这些反映股价波动方向的直线统称趋势线。

2. 趋势线的划分

一般情况下，依据趋势线使用功能的重要性，可将其划分为以下几种：

（1）时间范围。时间范围越大，趋势线就越重要。趋势线在星期周期图表中显然要比日周期的图表中重要，而在日周期的图表中显然要比小时周期图表重要。

（2）长度。一般情况下，趋势线越长，则其可靠性就越高。短的趋势线反映在短时期范围内的行为，而长的趋势线反映长时期之内的行为。

（3）价格碰到趋势线的次数。价格碰到趋势线的次数越多，说明趋势线越可靠。初步的趋势线下跌通过只有两个点，接触第三点时更加稳定，而第四点和第五点显示在市场中占上风，此时存在潜在信息。

（4）倾斜角度。在趋势线和水平线之间的角度反映市场人群的情绪强度。突然下降趋势线意味着人群是动态的，趋势平坦意味着人群稳定。水平的趋势通常保持时间较长。

3. 趋势线的作用

从实战的情况来看，趋势线的作用主要有以下几点：

（1）趋势线一旦出现，股价上涨或下跌至趋势线附近时，往往会对股价的波动产生一定的支撑或阻力的作用，可以作为买卖的参考。

（2）当趋势线被有效的上涨或下跌所突破时，往往预示行情已发生逆转，投资者应考虑买进或卖出。

在通常情况下，对于趋势线突破的确认与形态突破的确认基本一致，也是从突破支撑或阻力的幅度与成交量的变化来确认的：首先，不论是向上还是向下突破，当日股票收盘价必须超过趋势线 3% 以上为有效突破，幅度越大越好。其次，股价向上突破下跌趋势线时，成交量必须放大，而且越大越好。向下突破上升趋势时，成交量不用放大就可以视为有效突破。

（3）投资者常常因追逐短线价差而造成踏空，趋势线能够帮助投资者认清大势，以免因小失大。

4. 上升趋势线

如果是股价按一个低点比一个低点高的运行方式向上运行，把所有的低点（点 A、点 B、点 C）连接成一条直线，这条直线就称为上升趋势线。在股价回落到该线附近时，会受到该线的强力支撑，支持股价继续向上运行。

5. 下降趋势线

股价在下跌的过程中，一个高点比一个高点低，将其中的两个高点连接起来，就构成了一条下降趋势线，它反映股价的下跌趋势，如图 7-3 所示。这条下降趋势线对股价起压力的作用。

实际上，由于股价下跌时间的不同，下降趋势又可以分为长期下降趋势、中期下降趋势、短期下降趋势。长期趋势时间跨度在一年以上，中期趋势为 4~21 周，短期趋势一般在 4 周以内。

二、利用趋势线捕捉黑马股

趋势是一种十分重要的交易指南，因为它经常会延续一段时间。因此，在从

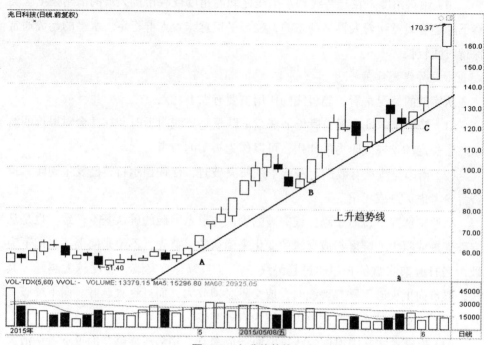

图 7-2　上升趋势线

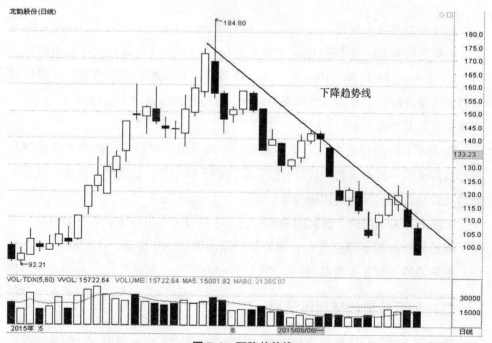

图 7-3　下降趋势线

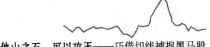

事股票交易时顺着趋势操作比反趋势操作成功的可能性更大。所谓顺势交易，即在多头市场里在价格回档时买入黑马股，而在空头市场里在价格反弹时卖出。

在实战中，投资者在利用趋势线捕捉黑马股的时候，要把握好以下几点：

1. 利用短期下降趋势线向上突破捕捉黑马股

所谓短期趋势，一般是指由数日至 20 个交易日的股价波动所形成的趋势。因此，短期趋势线也就由数日至 20 个交易日的股价波动的明显高点或低点所构成。一般而言，短期下降趋线向上突破是短线买入时机，如图 7-4 所示。

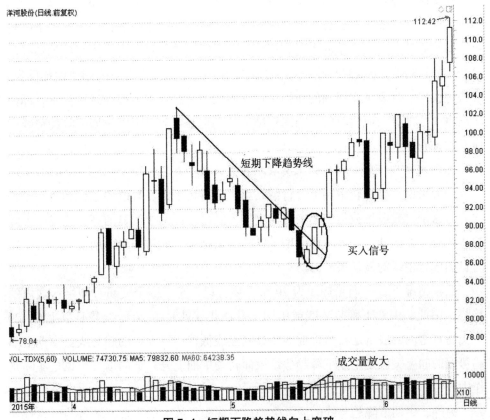

图 7-4　短期下降趋势线向上突破

在实际操作中，短期下降趋势可分为三种情况：第一种是在中期下跌趋势中，此时股价主要以下跌为主，当股市下跌一段时间后会产生反弹，如果把握得当，这种反弹也会有可观的收益，此时投资者就可以利用短期下降趋势线，即股价向上突破短期下降趋势线时便是短线的买入时机。第二种是在中期上涨趋势

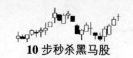
中，此时股价主要以上涨为主。然而，某些情况下，股价在急速上升一段时间之后，也会进入短期的下调整理，这时股价就会受到一根短期下降趋势线的压制。事实上，当股价向上突破该根短期下降趋势线时，说明短期的调整结束，这个时候是中期上升趋势中的一个新的买入时机。第三种是在中期横盘整理趋势中，此时股价在一定的价格范围内进行中期的箱体波动。如果箱体上下空间较大且有一定差价，短线操作者可以在股价突破短期下降趋势线时买入股票，在股价靠近箱顶时卖出。

在实际操作中，投资者需要把握以下几点：首先，短期趋势的时间应该在 4 周以内。其次，股价对趋势线的突破一般以收盘价为标准，股价向上突破下降趋势线时，必须有大成交量的支持，否则可能为假突破。理论上认为突破趋势线超过 3%或连续两天突破趋势线时属于有效突破。最后，在中期下跌趋势中抢反弹，应快进快出，且要设立明确的止损位。在中期上升趋势中，应以持股为主，即使卖出也应是部分的或暂时的，当调整结束特别是股价向上突破短期下降趋势线时应及时补仓。

2. 利用中期下降趋势线向上突破捕捉黑马股

一般来说，当一轮中期上升行情结束进入持续下跌，且跌幅较大和时间较长之后，这个时候股价放量向上突破由中期下降趋势中两个明显的高点连成的下降趋势线时，往往预示着该股票中期下跌趋势的结束，而将转为中期上涨趋势，这时自然成为中线的最佳买入时机。

通常情况下，中期趋势线为 20 个交易日以上至 120 个交易日即半年之内的趋势，因此，中期下降趋势线或中期上升趋势线就是由 20 个交易日以上至 120 个交易日之内的股价运行所形成的明显高点或低点连接而成的趋势线。中期下降趋势线的向上突破是中期下降趋势结束而转为中期上升趋势的信号，也是实际操作中非常重要的买入时机，如图 7-5 所示。

另外，中期下降趋势线的向上突破应有成交量放大的配合，转势的可靠性才会提高，后市上升的空间才会打开，否则中期下降趋势线突破后股指也可能仍然横向运行而不马上展开上升行情，因此在大盘突破中期下降趋势线的同时，应选择成交量大而走势趋强的股票买入。

事实上，30 日均线是大盘的中期生命线，黑马股的产生往往也是由 30 日均线呵护而养肥的，30 日均线之下的股票就像麻雀，不可能远走高飞，而 30 日均

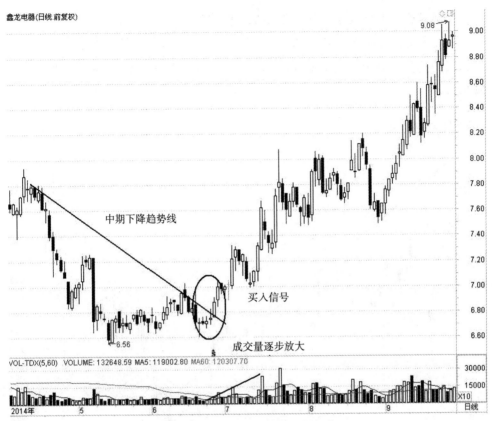

图7-5　中期下降趋势线向上突破

线之上的股票就像雄鹰，才可能展翅高飞。

　　在中期下跌趋势中，股价主要以下跌为主，高点和低点都不断下移。但是，当股市下跌一段之后往往也会产生反弹，如果把握得当，这种反弹也会有可观的收益。

　　另外，运用中期下降趋势线判断中线买入时机的最大麻烦是下降趋势线的斜率有时会改变，即突破前面的一根中期下降趋势线后，股价也仅仅是做短暂的反弹，其后又继续下跌不止，这时原来的中期下降趋势线就需要修正，它将由新的中期下降趋势线所取代。这种情况的发生主要有两个原因，即股价的下跌幅度和时间不够，与前面的上涨幅度和时间尚未形成对称性，股价向上突破下降趋势线时成交量未与配合。一旦遇此情况，投资者需要在股价再创新低时止损出局观望，再等机会。

3.利用长期下降趋势线向上突破捕捉黑马股

一般来说，长期趋势跨越的时间至少在半年以上，多者长达数年。而且，时间越长的趋势线被突破后其意义越大，其上升或下跌的空间也越大，如图7-6所示。

图 7-6　长期下降趋势线向上突破

其实，长期下降趋势线向上突破应有成交量放大的配合且最好伴以中长阳线，否则可靠性降低或后市上升的空间有限。实际上，在长期下降趋势线之下，往往有数次中级反弹或上涨，由于这些中级行情高点的原因，常常改变长期下降趋势线的斜率，即原来的长期下降趋势线也需要重新修正。不过，原来的下降趋势线突破后将由以前的阻力线变成股价下跌的支撑线。遇到此情况，仍应止损离场，耐心等待机会，因为熊市是漫长的。需要强调的一点是，为了更好地对长期趋势进行分析，建议投资者以周K线图为依据进行研究。

事实上，股市的运行有其自身的内在规律，既有波澜壮阔的牛市，也有寂寞难熬的漫漫熊市。当一轮牛市结束，就会进入下跌时间很长或下跌幅度很深的熊市之中，而且牛市涨得越高，熊市的跌幅就越大，时间也越长。在熊市的长期下跌过程中，也会产生数次中期的反弹或上涨行情而成一些明显的高点，如果将两个重要的中期高点连成一根直线，投资者就会看到每一次的中期反弹或上涨都受到该根长期下降趋势线的反压，可一旦股价放量突破长期下降趋势线，就意味着长期下降趋势或熊市的结束和一轮大行情的开始，而成为中长期的最佳买入时机。

概括来说，长期下降趋势线向上突破是中长线最佳买入时机。因此把握长期下降趋势线向上突破的特点十分重要。

点金箴言

客观来讲，不少投资者投资失利的原因，并不是因为自身的投资理念出了问题，也不是选股票选得不好，往往是在实际操作中不能准确把握趋势所致。我们常听电视上的专家说不要追涨杀跌，可按照趋势投资的策略，实际上我们就应该追涨杀跌。这里说的追涨杀跌实际上是追上涨趋势中的个股买入、杀下跌趋势中的个股卖出，而不是追高价买入、杀低价卖出。所以，判断趋势的方向及转势点就是最关键的问题。由于中国股市不能够做空，因此只有在上升趋势中我们才有机会盈利，这使得识别趋势十分重要。

第二节　通道线捕捉黑马股

一、认识通道线

1. 通道线的概念

所谓通道线，又称为轨道线或者管道线，是基于趋势线基础上建立的一种支撑压力线。在已经得到了趋势线后，通过第一个高点和低点可以做出这条趋势线的平行线，而这条永远不会相交的平行线就是通常所说的上升通道线和下降通道线。如图 7-7 所示。

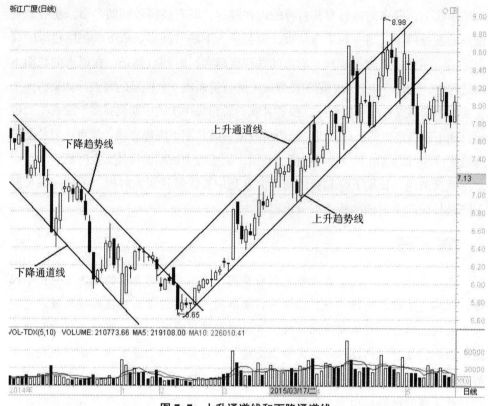

图7-7　上升通道线和下降通道线

　　两条平行线之间就是通道，通道的作用是限制价格的变动范围，让它不会过度地偏离轨道。一条通道得到确认后，那么股票的价格就将在这个通道里不断变化。如果股价开始成功突破了上面或者下面的通道，这就意味着最近将发生重大的变化，从而产生突破性行情，并改变行情的发展趋势。

　　2. 通道线的作用

　　同趋势线相似，影响轨道线可靠性的因素有轨道线被股价触及的次数、轨道线的倾斜角度和轨道线形成的时间跨度。一般来说，轨道线被股价触及的次数越多、倾斜角度越小、形成的时间跨度越大，则其可靠性越高。

　　就通道线而言，其作用主要有两点：第一，提出趋势转向的信号。若在上一次波动中，股价的波峰或者波谷没有触及轨道线，而是离得很远就开始回转，这往往是趋势将要发生改变的信号，表明市场维持趋势的力量将要减弱。第二，能对趋势加速作出提示。与趋势线不同，轨道线被突破后并不表示趋势将发生反转，而是表明趋势将加速运行。

3. 通道线与趋势线的分析

从通道线的概念可以看出，通道线是趋势线概念的延伸，对股价起到支撑或阻力的作用，使投资者很容易找出股价波动的高点价位、低点价位，股价仿佛在通道线与趋势线构成的一个通道中运行。

对于通道线与趋势线，投资者要把握下述内容：通道线和趋势线是相互合作的一对平行线；趋势理论认为先有趋势线，后有通道线；趋势线比通道线重要得多；趋势线可以独立存在，而通道线则不能单独存在。

另外，需要说明的是，通道线具有测量意义。一旦从现存的价格通道突破，市场通常就会运动一段与通道宽度相等的距离。因此，使用者只需简单地测量出通道的宽度，然后从趋势线的突破点起投射出同样的距离。然而，投资者要明白一个道理：在通道线与趋势线之间，基本趋势线更加重要，也更加可靠，通道线是趋势线技法的次要应用。

二、利用通道线捕捉黑马股

在实战中，投资者在利用通道线捕捉黑马股的时候，要重点把握以下几点：

1. 在上升通道形成初期及早介入

对于上升通道初期特征的分析，建议投资者多留意 30 分钟指标、60 分钟指标运行情况。一般情况下，分时图里的上升通道可以转化为日 K 线的上升通道，日 K 线上的上升通道则可以转变为周 K 线、月 K 线上的上升通道。因此，能够在分时图里发现上升通道转化为日线通道并积极介入者，往往会成为最早介入行情扭转机会者。如图 7-8 所示。

2. 股价向上突破上升通道的上轨线时跟进

通常来讲，上升通道的上轨线往往是股价上涨的阻力线。但是，在上升趋势末期，如遇到庄家大幅拉抬，股价将会放量向上突破上升通道上轨的压力，加速上涨，短时间内的升幅常常可观，把握得当，短期内可获丰厚利润。因此，在上升趋势中，当股价放量突破上升通道上轨时是短线买入时机。如图 7-9 所示。

一旦股价向上突破上升通道的上轨线，投资者在操作之前要关注成交量的变化。如果在股价突破上升通道上轨线时成交量配合放大，可视为有效突破，应大胆买入，后市会有较大涨幅。否则，应继续观望。

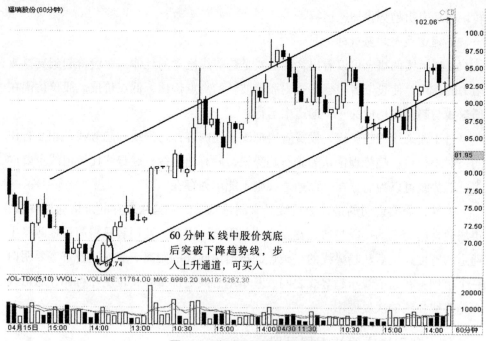

60 分钟 K 线中股价筑底后突破下降趋势线，步入上升通道，可买入

图 7-8　分时图里的上升通道

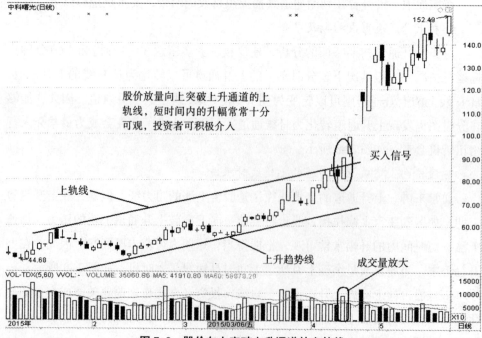

股价放量向上突破上升通道的上轨线，短时间内的升幅常常十分可观，投资者可积极介入

上轨线

上升趋势线

买入信号

成交量放大

图 7-9　股价向上突破上升通道的上轨线

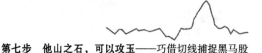

从实战情形来看，中长期上升通道被击穿时，没有放量显示主力资金出逃，投资者能够忍受洗盘、震仓折磨，坚守住的，往往能够获得最大收益。一般来讲，股价没有翻番、换手率未曾超过 15%~20% 警戒值，可以认为主力没有出走，同时上升通道也是健康的。

3. 股价向上突破下降通道的上轨时跟进

当股价在下跌过程中，跌至下降通道的下轨便会产生支撑而反弹，当反弹至下跌通道上轨时又会遇阻回落。当最终股价放量向上突破下降通道上轨时，便宣告下降趋势的结束和上升趋势的开始，而成为重要的买入时机，如图 7-10 所示。

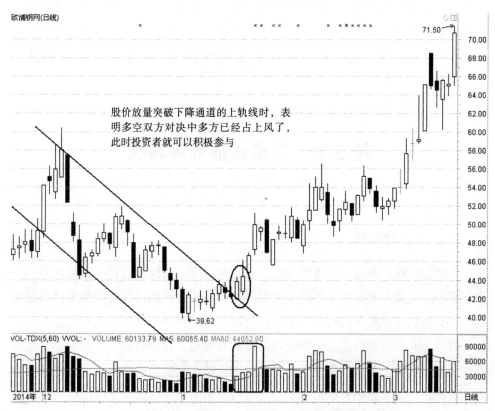

图 7-10　股价向上突破下降通道的上轨线

在具体操作中，当股价向上突破下降通道时，应有成交量放大的配合，否则突破的可靠性降低或股价出通道后也难于上涨而横向运行。其实，除了股价向上有效突破下降通道为重要买入时机之处，在下降通道内当股价下跌至下降通道下

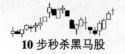

轨附近获得支撑时，也是短线买入时机。

点金箴言

需要提醒投资者注意的是，上升通道形成后不会轻易被破坏，但要注意通道形成时间超过 3 个月后的变盘，因为这个时候，市场都注意到这个通道的存在，更多的短线客会破坏庄家的做盘，偷窃主力利润，这是主力所不能够容忍的，因此，这个时候会出现强烈的震荡或变招。当这个通道被彻底改变后，投资者不要心存幻想。另外，并非所有的上升通道都有参与的价值。比如下降趋势没有完全改变前，在分时图短期出现的上升通道，这叫小趋势行情，往往投资者获得的利润一次盘中震荡，就回到原地，甚至是伤及本金，因此，真正的高手，是不在乎小上升通道的，真正具有大眼光者，只会出击周 K 线都进入上升通道的跨年度大机会。

第三节　扇形线捕捉黑马股

一、认识扇形线

所谓扇形线，是以一个重要的高点位或低点位作为原点，将该点与其后的各个明显高点或低点相连线，不断地对趋势进行修正，从而得到越来越平缓的趋势线。因其形状类似扇子而得名。扇形线一般分为上升扇形线和下降扇形线。

股价上涨必然创新高，一个会创新高的股价还会再创新高，直到它不再创新高；同理，股价下跌必然创新低，一个会创新低的股价还会再创新低，直到它不再创新低；一个不会创新低的股价，才有可能创新高。这是扇形线应用的最基本原理。

客观来讲，扇形线是趋势线的补充，明确给出了趋势反转（不是局部短暂的反弹）的信号。趋势要反转必须突破阻止突破的层层阻力，概括来说，如果要反转向上，必须突破很多条压在头上的压力线；如果要反转向下，必须突破多条横在下面的支撑线。轻微的突破或短暂的突破都不能被认为是反转的开始，必须消除所有阻止反转的力量，才能最终确认反转的来临。

二、利用扇形线捕捉黑马股

通常情况下，下降扇形线就是利用一个重要的高点作为原始点，以该点与其后的三个明显高点互相连线，类似于一把打开的折扇，如图 7-11 所示。

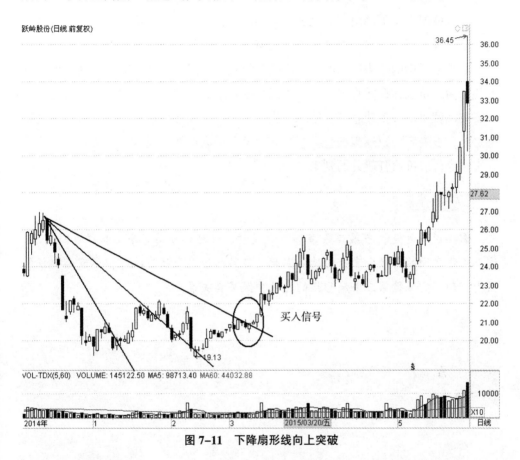

图 7-11　下降扇形线向上突破

对于投资者来说，可从以下几点对下降扇形线进行把握：第一，下降扇形线属于中长期的压力线，一般出现在长期下跌趋势里，当第三根下降扇形线向上突破通常表明长期下跌趋势结束，牛市开始的强烈信号，而不是市场局部的短暂的反弹。第二，第一条、第二条下降扇形线被突破后，在后面股价下跌的过程中，它们将由阻力线变成支撑线，即对股价的下跌起到一定的支撑作用。第三，扇形线依据的是三次突破的原则，当第三条下降扇形线被突破，是趋势反转的有效信

号，是中长线最佳的买入信号。第四，第三条下降扇形线向上突破时的成交量应较前两次突破时明显增加，前两次突破后升幅不大的原因，除了下跌不够深之外，重要的是没有足够大的成交量支持。如果第三根下降扇形线向上突破时成交量配合不理想，后市的升幅就会受限，可能会先进入横盘甚至再跌一小段才展开上升行情。

一般情况下，下降扇形的完成可以确认股价已经走出底部，即将展开拉升行情，是最佳的买入时机。概括来说，投资者对买点的把握可以依据以下三点：第一，由于中长期的压力线已经成功突破，第一条下降扇形线形成，然而投资者并不能认为股价就此扶摇直上了，但可以根据量能的逐步放大和大均线的逐步上抬和突破，就可以分批建仓了。第二，当第二条扇形线形成后，股价进行了缩量调整之时，投资者可以逐步加仓。第三，当第三根扇形线形成后，投资者必须要满仓了，等待股价疯狂飙升的到来。

点金箴言

需要说明的是，当第二条扇形线形成时，便可预期第三条扇形线也将出现，这三条线之间的角度会十分匀称。因此，当第二条扇形线突破时，不宜采取任何买卖行动，宜等待第三条扇形线的突破才做买卖决策。

第八步　点线定位，谋定后动
——用反转形态捕捉黑马股

第一节　头肩底形态捕捉黑马股

即使再黑的黑马股也总会在盘面上留下痕迹和特征，相对于或然性较大的日K线或日K线组合，由一组K线组成的少则半个月，多则数个月构筑的K线形态更容易发现黑马的行踪。

头肩底是一种较为常见的底部反转形态，是潜伏的黑马发力的标志性形态之一。头肩底，顾名思义，图形以左肩、头、右肩及颈线组成（如图 8-1 所示）。三个连续的谷底以中谷底（头）最深，第一及最后谷底（分别为左、右肩）较浅及接近对称，因而形成头肩底形态。头肩底往往预示着黑马股实现了阶段性止跌，此后有望展开一轮反弹走高的行情。

一、头肩底形成的原理

在空头市场中，看空做空的力量不断下压股价连创新低，出现一定递增成交量。由于长期下跌，已有一定的跌幅，股价出现短期反弹（次级上升），但反弹时成交量并没有显著增加，主动性买盘不强，形式上还受到下降趋势线的压制，这就形成了"左肩"；接着股价第二次增量下跌且跌破左肩的最低点，之后随着股价继续下挫，成交量和左肩相比有所减少，说明下跌动力有所减小，之后股价反弹，成交量比左肩反弹阶段时放大，冲破下降趋势线，形成"头部"。

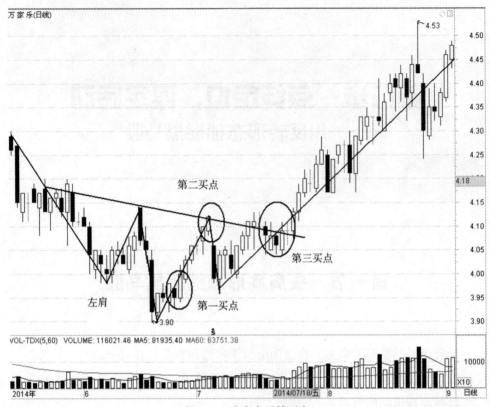

图 8-1　头肩底反转形态

当股价回升到左肩的反弹高点附近时，出现第三次的回落，这时的成交量很明显少于左肩和头部。股价回跌至左肩的低点水平附近时，跌势便基本稳定下来形成"右肩"；最后股价再次发动一次升势，伴随成交的大量增加，有效突破颈线阻挡，成交量更是显著上升，整个形态便告完成。

见到这个图形后，投资者不能再继续看空，因为一匹较大的黑马即将扬蹄急奔绝尘而去，如不做好进场抢筹的准备，必将与之失之交臂。

二、头肩底捕捉黑马股策略

股价从头部上升突破下降趋势线为第一买点，向上突破颈线为第二买点，它们都是形态极重要的买入信号。虽然股价和最低点比较，已上涨了相当的幅度，但涨势只是刚刚开始，尚未进货的投资者可以大胆买进；如果有效突破颈线后，股价有机会出现回落，回抽确认颈线有效时为第三买点，这是多头最后的买进机会。投资者需要注意的是，这个买点在遇到走势强劲的黑马股时往往无效，因为黑马股越强劲，越是在突破之后不做回抽，而是直接上行。

另外一个值得注意的问题是，若是股价向上突破颈线时成交量并无显著增加，很可能是一个"假性突破"，这时投资者应逢高卖出，考虑暂时退出观望。投资者可以计算出其涨幅，一般是颈线位对底部的垂直距离加上颈线位价位。由于其属短线迅速获利，投资者在操作时应随时分析分时图上的 30 分钟和 60 分钟 K 线上的波动形态，股价突然在成交量的持续放大下迅速上扬，将预示着主升浪即将展开。

三、运用头肩底捕捉黑马股需注意的事项

投资者需要注意的是，头肩底并不是百发百中，因此，投资者在选择黑马股时需要注意以下几个方面的内容。

第一，选择那些基本面良好、有长远发展前景的品种作为参与的对象。因为即使短期的参与失败了，从长期来看成功概率依旧较大，并且此类个股往往是长线资金关注的对象，只要调整到一定位置，就会有相当多的资金逢低买入参与。

第二，选择个股的时候，应关注那些右肩略高于左肩并且有明显放量的个股品种。因为这意味着该股的反弹力度大，并且盘整中放量意味着参与资金充足，因此后市值得看高。

第三，要注意的是，所谓的"肩"的位置（即横盘整理的平台）不应太长，其时间在两周附近，太长时间横盘的个股要注意其中的风险。

第四，向下突破探底的时候，其下跌的幅度不应太深，反弹的时候力度要大于下跌的速度。

点金箴言

与其他股票技术操作技巧一样，投资者在运用头肩底形态时要注意控制风险，一旦失败了要注意及时止损。如果右边平台盘整的时间过长，往往意味着新的下跌会来临，此时就应及时出局，以避免更大的损失。因为头肩底失败后，后市下跌的空间会更大，有的还会创出新低。

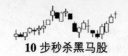
第二节　双重底形态捕捉黑马股

所谓双重底，又称为 W 底，是由两个相同或相差不多的低点所组成的由下降趋势转为上升趋势的底部反转形态，是最为常见的底部形态之一。在股价历经了一波大幅下跌后，筑就双重底的个股，大都是黑马，后势往往涨幅惊人。

一、认识双重底

如果是真正底部技术意义的双重底形态，其反映的是市场在第一次探底消化获利筹码的压力后下探，而后再度发力展开新的行情。既属于技术上的操作，也有逢低吸筹的意义，也就是在第一次上涨中获得的筹码有限，为了获得低位的廉价筹码，所以再度下探。这就反映出两重含义：一是做多的资金实力有限并且参与的时间仓促，所以通过反复的方式获得低位筹码同时消化市场压力，否则市场

图 8-2　双重底形态

的底部就会是 V 形的；二是市场的空方压力较大，市场上涨过程中遇到了较大的抛盘压力，市场并没有形成一致看多的共识，不得不再次下探。

就双重底的标准形态来讲，其特征主要有以下几点：

（1）底部呈两个大小差不多的圆弧形，两个底中间被一次快速的冲高回落走势隔开。从图形上看其两次下探的轮廓清楚，走势流畅，不拖泥带水和节外生枝。中间冲高的幅度和放量的幅度都不应该很大，底部必须有小星星或小阴小阳 K 线出现。

（2）必须有明显的量价配合。首先是两次底部的成交量必须有明显萎缩；其次是突破颈线位时成交量必须放大，否则假突破的可能性大；再次是突破后有时出现回抽，成交量也应较突破时的量显著萎缩。

图 8-3　双重底向上突破有量价配合

另外，双重底形态并非都是反转信号，有时也可看做整理形态。如果两个底点出现时间非常近，在它们之间只有一个次级上升，大部分属于整理形态，将继续朝原方向进行股价变动。相反地，两个底点产生时间相距甚远，中间经过几次次级上升，反转形态形成的可能性较大。

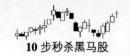
二、利用双重底形态捕捉黑马股

一般来讲，双重底往往会在大幅度下跌之后或者中期、长期下降趋势的底部出现，股价经过较长时间和较深幅度的下跌之后产生反弹，在遇到解套盘和短线获利盘的抛压时，股价再次下跌，但成交量却明显萎缩，在下跌至前次低点附近即止跌回升。随着成交量的逐步放大，股价上升时突破前次反弹的高点，从而展开上升行情。

事实上，双重底之所以要两次回落，一方面是因为在打压过程中，一部分投资者已在低位吸纳了一些筹码，为了让这些筹码提早出局，再次打压是必要的。另一方面，也是某一价位套牢者较多，也需引诱套牢者出动，而不能强攻。

在实际操作中，对于黑马股的捕捉，投资者要把握以下时机：

第一，第二个底部的上翘处。此时介入的优势是价位最低，被套的可能几乎为零，不足之处是股价不一定马上就上涨，还要耐心持股一周方见效益。

第二，突破双重底形态的上沿时。此时介入的优势是一般当天即可能见到效益，在资金利用效率上最合算，但不足之处是跟进的时机很紧迫，难以把握，并且如果主力有震仓打算（少数情况），则有可能短期被套。

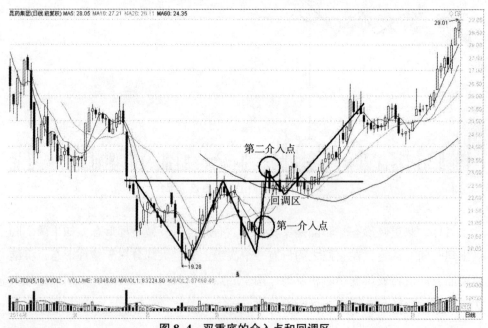

图 8-4 双重底的介入点和回调区

第三，突破上沿后的回调时。对于这一点，投资者要清楚，并非所有的双重底形态在突破时都出现回调。

另外，如果从历史情况和近期放量情况断定已有大资金进驻，则股价会大幅度走高，一般可达 30%~50%；如果并没有大资金进驻，走高的力度不会很大，一般是 10%~20%。在实际操作中，投资者可以依据这一点对卖出点加以计算，进而降低操作的风险。

需要说明的是，不少投资者在具体操作中往往喜欢在市场趋势下跌中运用这种技术形态来判断底部和预测未来，但在实际走势中，如果大的趋势是向下的，途中出现这种短期的双重底多数情况下会演绎成 M 头形态继续走低。真正成功地使用该种技术形态是在大趋势向上途中，市场股指或者个股股价遇到了获利回吐的压力后出现的调整和波动，只有这时成功的概率才较高，而在趋势向下的情况下运用这种形态判断底部常常是错误的。因此，在具体的个股操作时，建议投资者关注那些大趋势向上（至少不是向下）的个股。

点金箴言

在具体应用时，投资者必须要把那些在上涨或下跌的中途进行整理时随股价波动而形成的看起来是"双顶"或"双底"的图形区分开。这些图形两个高点或低点之间的时间跨度一般都比较短，只有一周或数周，并且波动幅度也不大，一般在 15% 左右。这些波动在波浪理论中属于次级波动，也可以预示短线走势，但与真正的"双重底"或"双重顶"形态所包含的意义相去甚远。

第三节　三重底形态捕捉黑马股

一、认识三底重形态

当股价经历一段时间的下跌并有了一定的跌幅之后，由于股价的调整，使得部分胆大的投资者开始逢低吸纳，而另一些高抛低吸的投资者亦部分回补，于是股价出现第一次回升，当升至某一水平时，前期的短线投机者及解套盘开始卖

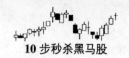

出，股价出现再一次回挫。当股价落至前一低点附近时，一些短线投资者高抛后开始回补，由于市场抛压不重，股价再次回弹，当回弹至前次回升的交点附近时，前次未能获利而出的持仓者纷纷回吐，令股价重新回落，但这次在前两次反弹的起点处买盘活跃，当越来越多的投资者跟进买入，股价放量突破两次转折回调的高点（即颈线），三重底走势正式成立。

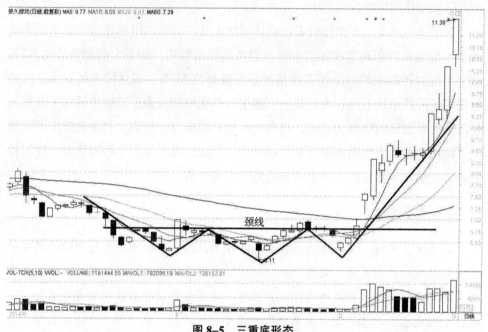

图 8-5 三重底形态

通常情况下，三重底的形态特征可以归纳为以下几点：

（1）三重底的形成需要一段时间的确定，三次低点时间通常至少要保持在10~15 个交易日。若这个时间间隔较小，表明行情仅仅是震荡整理，底部形态的构筑基础不牢固。即使形成了三重底，由于其形态过小，后市上攻也会缺乏动力。

（2）三重底的三次上攻行情中，成交量要呈现出逐次放大的势态，否则极有可能反弹失败。如果大盘在构筑前面的双底形态时，在其间的两次上升行情中，成交量始终不能有效放大的话，将极有可能导致三重底形态的构筑失败。

（3）三重底的最后一次上涨必须轻松向上穿越颈线位时，才能最终确认。股价必须带量突破颈线位，才能有望展开新一轮升势。

二、利用三重形态捕捉黑马股

在实际操作中，对于三重底形态的应用，投资者要把握以下几点：

第一，价格突破显示第三低点那条图线的最高价。但有个前提就是显示第三低点的图线必须是一条实体较大或上影线较长的图线（不分阴阳），若是一条实体较小，且上影线又较短的图线，则不适用此法。

第二，价格向上突破颈线时的价位，这是最保险的进入点位。

第三，要防止逆势走势的出现。三重底形态出现后，绝大多数是顺势上涨的，但也会出现不涨反跌的走势，即出现第四个底部，甚至跌破三重底的最低点，形成跌破形态，走出一轮下跌行情。为了防止破位下行，止损点设在最低一点以下 3~5 点的价位。

点金箴言

需要提醒投资者的是，在实际操作中不能仅仅看到有三次探底动作，或者从表面上形成了三重底，就一厢情愿地认定是三重底而盲目买入，这是非常危险的。因为有时即使在走势上完成了形态的构造，但如果不能最终放量突破其颈线位的话，三重底仍有功败垂成的可能。三重底由于构筑时间长，底部较为坚实。因此，突破颈线位后的理论涨幅，将大于或等于低点到颈线位的距离。所以，投资者需要耐心等待三重底形态彻底构筑完成，股价成功突破颈线位之后，才是最佳的建仓时机。大可不必在仅有三个低点和形态还没有定型时过早介入，虽然有可能获取更多的利润，但从风险收益比率方面计算，反而得不偿失。

第四节　圆弧底形态捕捉黑马股

一、认识圆弧底形态

所谓圆弧底，是指 K 线连线呈圆弧形的底部形态，与"潜伏底"相似之处是同样常出现于交投清淡的个股中，耗时几个月甚至更久，因此具有相当大的能量，这种底部通常是中长期底部。

就圆弧底来讲，其形态特征可以归纳为以下几点：

（1）位于低价位区域。这个低价区应该是最低价位，并且低价区的平均价格应该至少低于最高价的50%以上。

（2）股价变动简单且连续，先是缓缓下滑，而后缓缓上升，K线连线呈圆弧形。

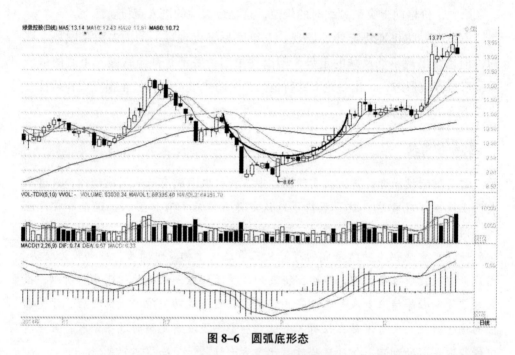

图 8-6　圆弧底形态

（3）成交量变化与股价变化相同，先是逐步减少，伴随股价回升，成交量也逐步增加，同样呈圆弧形。

（4）圆弧底形成所消耗的时间往往比较长。而且，圆弧底形态形成的时间越长，该股股价将来上升的幅度也就越大。

（5）圆弧底形成末期，股价迅速上扬形成突破，成交量也显著放大，股价涨升迅猛，往往很少回档整理。

（6）股价上涨幅度的测算方法：从突破点算起，股价上涨幅度至少等于圆弧的半径。

二、利用圆弧形态捕捉黑马股

一般而言，圆弧底往往出现在大行情的调整期或中级行情的底部，反映出股价走势的两个基本趋势的作用：一个是大趋势，圆弧底初期的下跌一般都是由大盘下跌带动的，因此其大的走势是与大盘保持一致，完成了一个 U 形的探底回升，其意义类似于一次大的回调。另一个趋势是次级波动，股价始终在一个比较狭窄的箱体内运行，短期走势波动不大，说明持股的心态比较平稳。这是由于股票质地比较好的缘故。如果我们不考虑大 U 形走势，则这种波动相当于横盘整理，最终会出现均线黏合现象。综合这两个因素可知，圆弧底是一种比较彻底的底部整理形态，完成圆弧底后的股价一般都升幅可观。实际上，从近几年的股市发展中也能够看出，圆弧底这种形态多数情况下都出现在庄家控盘程度较高的股票中，蓄势功能更为显著，之后的涨升也更猛烈。

在实际操作中，投资者在利用圆弧形底捕捉黑马股的时候，要把握好以下几点：

1. 正确识别圆弧底

除前面所述形态特征外，还有两个细节会在某些圆弧底形态中出现：

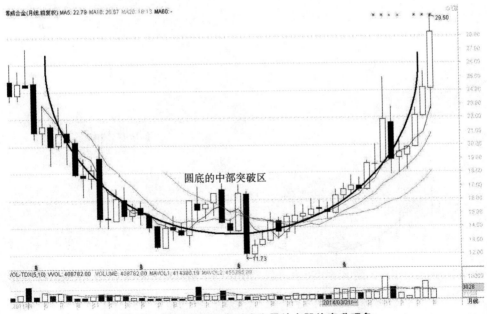

图 8-7　圆弧底过中点时成交量放大股价窜升现象

（1）在刚刚经过底部的中点时，某日成交量突然放大，股价窜升，但很快又恢复到平缓的上升趋势中。

（2）在形态形成的结束位置会出现一个平台，随后平台被突破，大幅上升行情开始。

实践证明：圆弧底形态的确认一般要等到股价从底部涨回到下跌前的高点时（也即碗沿处）才可以，此时股价已经从底部上涨了 20% 以上，但由于圆弧底是非常充分的调整走势，真正的涨升还刚刚开始。

2. 要有耐心

选股的时候需要耐心，需要一段时间来等候股价筑底。在成交量底部买入的人肯定具有很大的勇气和信心，但他不一定有耐心。一个能让你赚大钱的底部起码应该持续半个月以上，最好是几个月。如果你有这样的耐心，那么就说明你具备了炒股赚钱的一个重要条件。

3. 选择合适的跟进时机

在对时机的选择上，投资者需关注下面几点：

（1）圆弧底是易于确认和非常坚实与可靠的底部反转形态，一旦个股左半部完成后股价出现小幅爬升，成交量温和放大形成右半部圆形时便是中线分批买入

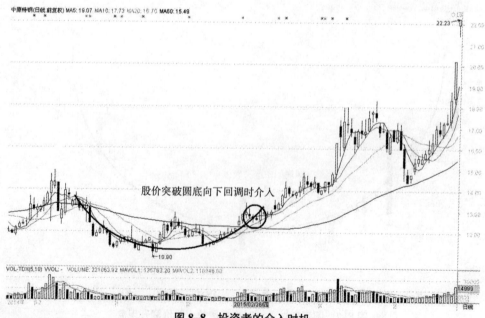

图 8-8　投资者的介入时机

时机，股价放量向上突破时是非常明确的买入信号，其突破后的上涨往往是快速而有力的。

（2）如果在圆弧底形成末期出现整理平台，则应在成交量萎缩至接近突破前成交量水平时及时抢进。

（3）谨慎的投资者可以在冲破"碗沿"后的回调时介入，或选在股价靠近10日均线附近之时介入。

点金箴言

需要提醒投资者的是，虽然圆弧底是一种重要的底部形态，但是在使用中，我们需要谨慎对待其形成机理及其图形特征，在操作中要结合市场环境、股价长期趋势的发展状况综合分析。事实上，由于圆弧底易于辨认，有时太过完美的圆弧底反而会被庄家利用。像某些个股除权后在获利丰厚的情况下，庄家就是利用漂亮的圆弧底来吸引投资者。因此，如果公认的圆弧底久攻不能突破或突破后很快走弱，特别是股价跌破圆弧底的最低价时仍应止损出局观望。

第五节　V 形底形态捕捉黑马股

一、认识 V 形形态

所谓 V 形底，又可以称为尖底，是指股价经过连续下跌，突如其来的某个因素扭转了整个趋势，在底部伴随大成交量形成十分尖锐的转势点，一般仅需二至三个交易日，随后股价出现近乎垂直的急升，从底点快速涨升，成交量剧烈放大，整个移动轨迹就像英文字母 V。

就 V 形底而言，其形态特征主要有以下几点：

（1）V 形一般是出现在跌势中，下跌速度越来越快，一路都在下跌，在下跌最猛烈的时候，突然峰回路转，股价快速回升，一路上扬，翻番黑马戏剧性地登场。

（2）V 形底部非常尖锐，可能在几个交易日之内形成，而且转势点的成交量

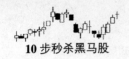

图 8-9　V 形底

特别大。V 形转势往往令很多投资者措手不及，一旦形成 V 形反转，黑马股上冲的力度非常大，在低位抛掉筹码再想捡回来往往难度非常大。

（3）在 V 形底反转当天，日 K 线往往形成十字星，带长下影阳线或大阳线等形态。

（4）V 形底在转势点必须要有明显的大成交量配合，否则形态不能确立。

二、利用 V 形形态捕捉黑马股

在实际操作中，庄家为了最终出货获利，都需要对股票进行拉升。而在拉升的过程中，庄家都不希望搭便车人太多，加大拉升耗费，往往会先打压股价然后拉伸。这种方式在 K 线上一般体现出 V 形反转形态，而此时跟进抓住黑马的可能性很大。

V 形反转是一种变化极快、力度极强的反转形态，其通常发生在快速、大幅下挫之后。远离成交密集区，一旦买盘进场，股价便迅速掉头向上，空仓者大量吸纳，成交量也骤然放大。之所以如此，是因为这种反转的本身，要么是庄家打压吸筹，要么是深幅洗盘。庄家一旦发现浮动筹码已不多，相反，低位却有大手笔买单出现，必然不会让便宜筹码落入他人手中，快速拉抬也就在情理中了。

作为反转形态，V形并不存在明确的买卖点。一般来讲，V形顶往往出现于高价区，股价大幅拉升之后，放量滞涨，回落初期是长阴杀跌，出现此种信号，投资者应果断离场。而V形底的最佳买点就是在低位放量跌不下去的回升初期，或是放量大阳转势时。

在具体应用中，V形底不易在图形完成前被确认，在遇到疑似V形底的情况下，如果已经买进的投资者则应随时留意股价发展方向，保守投资者则可等到以大成交量确认V形底反转形态时，再追买。一旦V形底形成，要敢于进场抄底，前期下跌的幅度越大则后市上涨的空间就越大，不要错失制胜的良机。

点金箴言

需要指出的是，V形形态的一个显著特点就是它的顶或底只出现一次，这和其他反转形态需多次确认顶部或底部有明显差异。由于V形反转是一种失控的形态，反映的是一种极端的现象，投资者在应用时应格外小心，慎辨是非，谨慎操作。

第六节　潜伏底形态捕捉黑马股

一、认识潜伏底

"潜伏底"是一种股价走势的特殊形态，它是指股价在一个狭窄的区域内，横向移动，以后急剧向上突破狭窄区域，形成潜伏底图形。这种形态只有在少数市场流通筹码不多的股票上才会出现，但在其中常含有日后大涨的信息，其上升的幅度会相当高，值得投资者去发掘，如图8-10所示。

通常情况下，潜伏底的特征主要有以下几点：

（1）潜伏底可以出现在大中小行情的局部低点，形成短期或长期底部，图形大小决定其作用大小。

（2）一般潜伏底持续时间为一个月左右，但股价在底部潜伏时间越长，向上反转的力度越大，正如股谚所云"横有多长，竖有多高"。

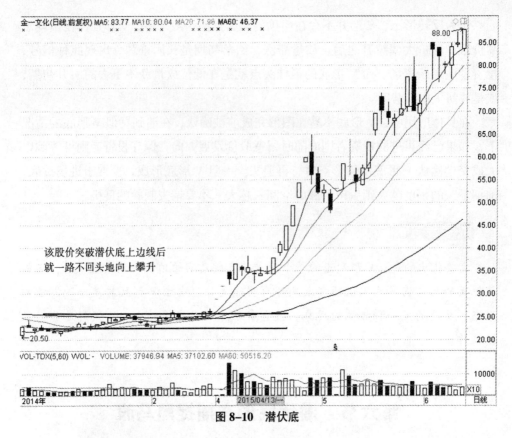

该股价突破潜伏底上边线后
就一路不回头地向上攀升

图 8–10 潜伏底

（3）潜伏底标准形态为横向水平移动，有时也会出现略微上倾的"潜伏底"。

（4）突破后有持续的高成交量，是行情得以延续的标志。

（5）潜伏底上扬时往往会出现大阳线后再拉大阳线，超涨之后再超涨的现象，这是"潜伏底"往上突破的一个重要特征。因此，在潜伏底涨升初期（当然不是涨升中期、后期），对它追涨应该是一个比较好的选择。

（6）与其他底部形态不同的是，潜伏底一旦向上突破之后，股价就一路上窜，很少出现回探现象。这是因为股价横盘时间已经很长，换手相当彻底的缘故。

二、利用潜伏形态捕捉黑马股

一般而言，潜伏底大多在一些平时交投很少的股票图表中出现（一般不会出现在绩优板块和蓝筹板块），于是价格就在一个狭窄的区域里一天天地移动，既没有上升的趋势，也没有下跌的迹象，表现令人感到沉闷，就像是处于冬眠时的

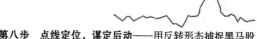
蛇一样，潜伏不动。最后，突然出现不寻常的大量成交，原因可能是受到某些突如其来的消息刺激，脱离潜伏底，大幅向上扬升。在这潜伏底中，先知先觉的投资者在潜伏底形成期间不断地做收集性买入，当形态突破后，未来的上升趋势将会强而有力，而且价格的升幅甚大。所以，当潜伏底向上突破时，值得投资者马上跟进，跟进这些股票利润十分可观，而风险却是很低。

图 8-11 为利民股份 2015 年 2 月 10 日至 2015 年 5 月 12 日的走势图，该股在这期间内走出典型的上倾型潜伏底走势。在 2015 年 2 月 10 日达到最低 18.24 元之后，便开始一点一点地向上"拱"，成交量已经出现不规则的温和放大，其间也有震荡，但震荡幅度都很少能超过 10%。2015 年 5 月 12 日放量突破潜伏底的上沿后连续向上拉升。

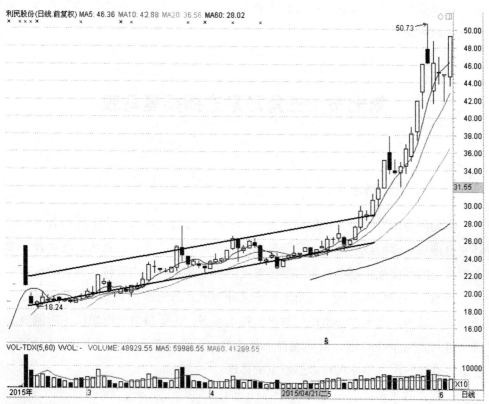

图 8-11　上倾型潜伏底

点金箴言

从实战的情形来看，虽然潜伏底的上升潜能很大，但真正收获胜利果实的投资者却不多，究其原因，主要有以下几点：第一，入市时间选择不当。潜伏底的主要特征是成交量几乎处于停滞状态，而且历时很长。在中外股市中耗时几个月的潜伏底屡见不鲜，有些竟有数年之久。即使在投资气氛较浓的深市中，图 8-11 中的个股一个潜伏底也用了一年半的时间。有些投资者在潜伏底构筑过程中，因过早入市受不了股价不死不活的长时期折磨，在股价发动上攻行情前离它而去，这是很可惜的。因此，潜伏底的入市时间应选择在股价放量上冲这一阶段。第二，不敢追涨，潜伏底一旦爆发，上攻势头十分猛烈，常常会造成连续逼空的行情，而多数投资者对潜伏底爆发出来的直审行情不知所措，一看连续拉出的大阳线就不敢再追涨。

第七节　三角形形态捕捉黑马股

一、认识三角形形态

市场因为多空对峙，在短期达到一种平衡，这时在技术形态上往往表现为箱体平台形态、旗形或三角形。三角形形态最主要的特征是，在急速上涨或者下跌之后波动的幅度逐步减小，而后震荡幅度还会不断缩小，之后将选择新的运行方向。当然，根据具体情况，三角形形态又分为上升三角形、下降三角形和对称三角形等。其实，之所以会出现三角形的技术形态，主要是由于市场从一边倒的走势中进入多空争夺时期，市场或者个股从单边下跌或者上涨后，市场分歧加大。它是多空双方反复争夺在技术形态上的体现。

1. 上升三角形

股价在某水平呈现当正当强大的卖压，价格从低点回升到水平便告回落，但市场的购买力十分强，股价未回至上次低点即告弹升，这情形持续使股价随着一条阻力水平线波动日渐收窄。我们若把每一个短期波动高点连接起来，可画出一条水平阻力线；而每一个短期波动低点则可相连出另一条向上倾斜的线，这就是上升三角形。如图 8-12 所示。

图 8-12　上升三角形向上突破

就上升三角形来讲，其特征可以归纳为以下几点：

（1）上升三角形是属于整理形态，大部分的上升三角形都在上升的趋势中出现，且暗示有向上突破的倾向。总的来说，上升趋势中的上升三角形和对称三角形最终向上突破，及下降趋势中的下降三角形最终向上突破，都是以顺势突破为主，可作为比较经典的中继形态。

（2）此形态亦有可能朝相反方向发展，即最终可能向下突破。

（3）上升三角形向上突破后其最小升幅的量度方法：突破后的涨幅接近三角形最宽一边的垂直距离，即从第一个短期回升高点开始，画出一条和底部平行的线，突破形态后，将会以形态开始前的速度上升到这条线之处，甚至是超越它。

（4）上升三角形越早突破，越少错误发生。假如股价反复走到形态的尖端后跌出形态之外，这种突破的信号不足为信。

2. 下降三角形

下降三角形的形状与上升三角形恰好相反，股价在某特定的水平出现稳定的购买力，因此股价每回落至该水平便告回升，形成一条水平的需求线。可是市场的卖出力量却不断加强，股价每一次波动的高点都较前次为低，于是形成一条下倾斜的供给线。成交量在完成整个形态的过程中，一直是十分低沉。

图 8-13　下降三角形

在通常情况下，下降三角形的特征可以归纳为以下几点：

（1）下降三角形一般多见于整理形态，其走势的最终方向也很易判别：下降三角形预示着股价下降。根据资料统计，与此相反的例外现象不到15%。

（2）下降三角形的成交量一般是逐步递减，直到水平底线被有效突破，与上升三角形明显不同的是下降三角形向下突破时，不需要成交量的配合，即可以无量空跌，当然若成交量放大则下降动量增大。

（3）下降三角形若向上突破，则必须以大成交量来验证：而向下突破后，股价应有一个回升，若回升受阻于底线之下则形态意义成立，否则图形失败。

（4）其"最少跌幅"的量度方法和"上升三角形"相同。

需要说明的是，不少投资者在具体操作中过分看重三角形的外部形态，因此在判断上升三角形和下降三角形时会有误判。实际上，上升和下降三角形的根本判断可以依据原本的大趋势来进行，其准确率往往较高。一般而言，在大的上升通道中，如果趋势是不断向上的，此时如果出现了三角形形态，之后最终选择的方向还是向上；如果是趋势向下过程中出现的三角形形态，则最终会选择下行，也就是下降三角形。因此，不必拘泥于底部抬高还是顶部下移，其总体是服从于大趋势的。

二、利用三角形形态捕捉黑马股

在实战中，一般认为上升三角形突破必然向上，下降三角形突破必然向下，然而，这并不是绝对的。在很多情况下，三角形形态都不能事先确定股价的波动方向，其突破是否有效取决于两个方面：其一是向上突破必须有成交量的配合，向下突破不一定要有量的配合；其二是三角形突破只有在从起点至终点（末端）的大约2/3处发生突破，才会有效或具有相当的突破力度，股价若运行至末端才出现突破，其突破往往不会有效或缺乏力度。

从实战的情形来看，利用三角形形态捕捉黑马股的关键：首先，是否带量突破，带量可果断介入，否则可先行观望。其次，是否在从起点至终点的大约2/3处发生突破，这种位置介入突破可靠性较大，可以介入，如果过早过晚都不宜介入。

需要强调的是，任何一只个股成为"黑马"，都不是在瞬间完成的，总是有它成长发展的轨迹。而邻近"突破"形态边缘，就是黑马股发展中的重要步骤。在一般情况下，技术形态邻近突破的个股，都有较长的整理、蓄势阶段，所以，追踪"黑马"要选三角形整理低位向上突破时大胆跟进。在突破邻近时或已开始突破时跟进，可避免等待太久。

点金箴言

在股市中，每一只狂飙的股票（或者是暴跌的股票），在它们正式启动之前，以及爆发之后，都会有其蕴蓄已久的图形形态、操作特性、运行规律，以及构成他们发动这一轮涨势（或者跌势）的其他一些较为重要的因素的具体表现。自

然，黑马股也不会例外。投资者在股票的整体实战过程之中，所要做的其实就是通过一系列的技术分析、检查的手法和手段，充分地运用自身的各项优势资源，对那已经显露出一些蛛丝马迹的特异类股票进行全方位跟踪，从而在实战时准确地判断其控盘主力的整体操作思路、控盘手法、运行规律和活力目标位置。同时，利用自身所具备的技术工具和非技术工具操作原则的交替、综合调控，达到最终获利的目的。

第八节　上升楔形形态捕捉黑马股

上升楔形是股价经过一段时间大幅下跌之后，出现的强烈技术性反弹，当股价弹升到某个高点时，就掉头回落。不过这种回落较为轻微而缓和，因而股价在未跌到上次低点之前已得到支撑而上升，并且越过上次高点，形成一浪高于一浪的趋势。第二次的上升止于另一高点之后，股价再度回落。我们把两个高点和两个低点分别用直线连起来，就形成了一个上倾的楔形，这就是上升楔形，如图8-14 所示。

图 8-14　上升楔形

在整个上升楔形的形成过程中，成交量不断减少，整体上呈现价升量减的反弹特征。上升楔形整理到最后，以向下突破居多。因此，从本质上来说，上升楔形只是股价下跌过程中的一次反弹，是多方在遭到空方连续打击后的一次无力挣扎而已。

点金箴言

上升楔形只是反弹，并不能改变股价下跌的趋势。因此，持筹的可趁反弹时卖出一些股票进行减仓操作，而一旦发现股价跌穿上升楔形的下边线，这时就不要再存幻想了，应立即抛空离场，以避免股价继续下跌带来的更大风险。持币的要经得起市场考验，不为反弹所动，要相信自己的判断，持币观望，不买股票。

第九节　矩形形态捕捉黑马股

所谓矩形形态，其实是一种均衡的整理形态，市场中的多方力量与空方力量在箱体范围内完全达到均衡波动状态，谁都没有占据绝对的优势，理论上是多空双方力量相当的结果。看多的一方认为其回落价位是很理想的买入点，于是股价每回落到该水平即买入，形成了一条水平的支撑线；但另一方看空的投资者对股价上行缺乏信心，认为股价难以升越其箱体上轨，于是股价回升至该价位水平便即沽售，形成一条平行的压力线。所以当股价回升到一定高度时，一批对后市缺乏信心的投资者退出；而当股价回落到一定价位时，一批憧憬未来前景的投资者买进。于是多空双方实力相当，股价就来回在这一段区域内波动。

一、矩形形态的分类

矩形的出现，通常发生在上升趋势或下降趋势的中途，以波浪理论五浪升降来说，又通常容易发生在第四浪。由于所处大势的不同，矩形形态又可以分为两种：上升矩形与下降矩形。

上升矩形是主力展开中继性中期调整的重要操盘计划组成部分，一般均出现在中长线超级大牛股行情中；下降矩形是中线主力展开最后出货滚动操盘的结

果。当主力出货完毕后，股价便会击穿下降矩形的下轨支撑，从此展开漫长的下跌之旅。

矩形发生在头部或底部的较少，如果矩形发生在头部或底部，经过这么长时间的盘整，都会变成圆弧顶或圆弧底。

二、利用上升矩形捕捉黑马股

上升矩形调整形态的出现，虽然多方在很长时间内并没有太大的操盘动作，但股价的持续调整走势已经基本上完成了。股价出现放量冲高的走势也只是时间的问题。一旦某天股价突然放量突破矩形底部，则是暴涨拉升的开始，投资者的追涨时机也就开始了。股价的有效突破点，就是最佳买点。

投资者在研判矩形向上突破时应注意以下几个方面的内容。

（1）矩形应由基本相同的高点和低点组成，形态内的成交量应该是从左向右逐步萎缩，而且越到后期成交量越沉闷，交易越清淡。

（2）矩形应由三个大致相同的低点和高点组成，三个低点和高点在相差3%的范围内都是可以接受的。

（3）矩形向上突破后的升幅一般是矩形的垂直高度或是其数倍，且波幅越大的矩形其突破后的升幅越大。

（4）矩形向上突破时应有成交量明显放大的配合，否则其可靠性降低。如图8-15所示。中国海诚（002116）自2014年12月份回调整理以来，一直在振幅约1元的矩形区域内上下波动，这种规律性的波动状态，一般均有中线主力在其中操盘。持续三个月的矩形调整之后，2015年3月23日，中国海诚顺利放巨量突破矩形形态，说明该股中线向上行情启动，投资者可果断进场做多。

（5）矩形突破后的几天内通常有个回抽的动作，会回抽到支撑线附近，而且比较狭长的矩形，其回抽的动作会在突破线上徘徊多时。

（6）矩形在突破前可短线操作，即在箱底附近买进，箱顶附近卖出，止损点设在箱底跌破时；放量向上突破箱顶时是明确的中线买入时机，止损位设定在股价又跌至箱顶之下时，以防假突破。

在研判矩形向上突破时，投资者可以配合均线，这样可以提高研判的准确性。在上升趋势中，矩形整理的位置与长期均线的位置有很大的关联。如图8-16所示，如果上升矩形形态出现在股价长期均线的上方附近，则矩形形态向

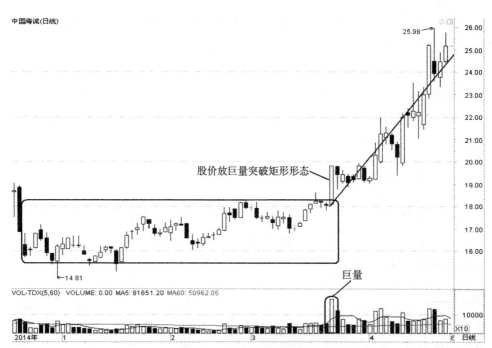

图8-15 上升矩形量的突破

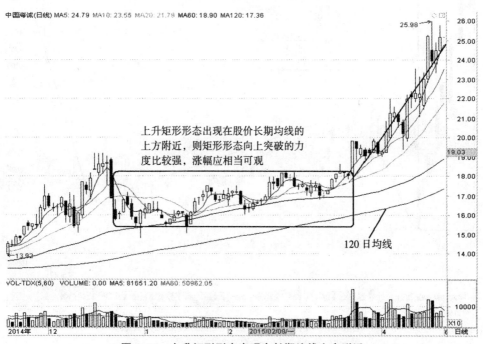

图8-16 上升矩形形态出现在长期均线上方附近

上突破的力度比较强，涨幅应相当可观；如果上升矩形形态出现在股价长期均线上方较远的地方，则矩形形态向上突破后的力度和高度将有限；如果上升矩形形态出现在股价长期均线下方附近，股价的有效突破不仅要突破矩形的上方压力线，而且还要向上突破长期均线，这样才是真正的向上突破；如果上升矩形形态出现在离长期均线较远的下方，股价突破后的高度和空间也比较有限，而且股价在到达长期均线附近时将面临较强的压力。

三、下降矩形捕捉黑马股

在实战中，使用下降矩形线的最大意义在于最后一根压力线的重要判市意义。如图 8-17 所示。连接一波行情的最高点与最低点画出矩形线后，如果股价反弹到最后一根压力线处无力突破，往往会产生较大规模的下跌。

图 8-17　股价反弹到最后一根压力线处无力突破

另外，需要指出的是，在下跌行情中，矩形整理的位置与长期均线的位置也有很大的关联。如果下降矩形是出现在长期均线上方附近，矩形向下有效突破的标志是以是否跌破长期均线为准，即股价即使跌破矩形下边支撑线，但没有跌破长期均线，矩形的向下突破还不能确认，但如果股价既跌破矩形的支撑线又跌破长期均线，则矩形向下突破为有效突破，且股价向下突破后的力度和空间将非常大；如果下降矩形是出现在长期均线上方较远的地方，矩形的突破是以股价跌破矩形支撑线为主，但股价突破后的力度和空间不大，当股价跌到长期均线附近时，将获得较强的支撑；若下降矩形是出现在长期均线下方时，矩形形态的突破也是股价跌破矩形支撑线为主，股价下跌的空间和力度比较大。

点金箴言

矩形形态在大多数场合中是以整理形态出现的，但有些情况下，矩形也可以作为反转形态出现，这需要投资者区别对待。当矩形是整理形态时，矩形有效突破后股价会按照原有的趋势运行；当矩形是反转形态时，矩形有效突破后，股价会按照相反的趋势运行。

第十节　上升旗形形态捕捉黑马股

旗形形态就像一面挂在旗杆顶上的旗帜，该形态通常在急速而又大幅的市场波动中出现，股价经过一连串紧密的短期波动后，形成一个稍微与原来趋势呈相反方向倾斜的长方形，这就是旗形走势。旗形走势又可分作上升旗形和下降旗形，如图 8-18 所示。

股价经过陡峭的飙升后，接着形成一个紧密、狭窄和稍微向下倾斜的价格密集区域，把这密集区域的高点和低点分别连接起来，就可以画出两根平行而又下倾的直线，这就是上升旗形。

上升旗形的形成原理为：一波大幅上扬的行情发生后，获利盘大量涌出，做空力量开始加强，单边上扬的走势得到遏制，价格出现剧烈的波动，股价在波动中形成了一个类似于旗面的形态，分析者把调整的高点和低点分别连接起来，就

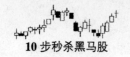

图 8-18　上升旗形

可以画出这样一个向下倾斜的长方形或者有点像三角形的旗面，这就是上升旗形。在旗形的形成过程中，成交量逐渐递减，投资者对后市看好，普遍存有惜售心理，市场的抛压减轻，新的买盘不断介入，直到形成新的向上突破，完成上升旗形的走势。成交量伴随着旗形向上突破逐渐放大，与前一波行情一样再度拉出一根旗杆，开始了新的多头行情。通过上面的分析可以得知，上升旗形是强势的特征，投资者在调整的末期可以大胆地介入，享受新的飙升行情。

投资者见到上升旗形千万不要被其股价重心不断下移而作出做空的错误抉择，要时刻关心它的突破方向，一旦发现股价整理后往上突破，就应该即时买进；有筹码的要捂住股票，密切留意事态变化，只要调整时间不是太长，就不应卖出股票。

点金箴言

投资者需要知道的是，牛市中的上升旗形一般出现在行情的第一阶段和第二阶段，用波浪理论来说，即第一浪和第三浪，如果在第三阶段即第五浪中出现剧烈的下跌就不能看作是旗形调整了，也许股价可能还会上涨，但是，走势往往创了新高后便立刻反转，变成了其他顶部形态。

第九步 步步为营，指标追踪
——用技术指标捕捉黑马股

第一节 RSI 指标捕捉黑马股

一、认识 RSI 指标

1. RSI 指标的概念

所谓 RSI 指标，又可以称为相对强弱指标，是根据股票市场上供求关系平衡的原理，通过比较一段时期内单个股票价格的涨跌幅度或整个市场指数的涨跌大小来分析判断市场上多空双方买卖力量的强弱程度，从而判断未来市场走势的一种技术指标。

从它的构造原理来看，与 MACD、TRIX 等趋向类指标相同的是，RSI 指标是对单个股票或整个市场指数的基本变化趋势作出分析，而与 MACD、TRIX 等不同的是，RSI 指标是先求出单个股票若干时刻的收盘价或整个指数若干时刻收盘指数的强弱，而不是直接对股票的收盘价或股票市场指数进行平滑处理。

2. RSI 指标的计算公式

就 RSI 指标而言，其计算公式如下：

$$RSI = 100 - [100/(1+RS)]$$

其中，RS = 14 天内收市价上涨数之和的平均值/14 天内收市价下跌数之和的平均值。

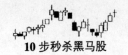

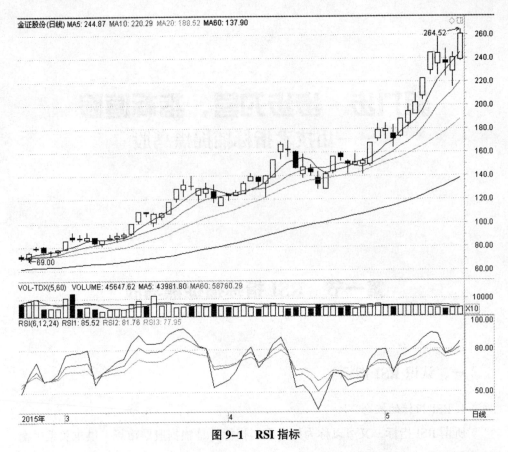

图 9-1　RSI 指标

例如，如果最近 14 天涨跌情形是：第一天升 2 元，第二天跌 2 元，第三至五天各升 3 元，第六天跌 4 元，第七天升 2 元，第八天跌 5 元，第九天跌 6 元，第十至十二天各升 1 元，第十三至十四天各跌 3 元，那么 RSI 的步骤计算如下：

（1）将 14 天上升的数目相加，除以 14，上例中总共上升 16 元，除以 14 得 1.143（精确到小数点后三位）；

（2）将 14 天下跌的数目相加，除以 14，上例中总共下跌 23 元，除以 14 得 1.643；

（3）求出相对强度 RS，即 RS = 1.143/1.643 = 0.696%；

（4）1 + RS = 1 + 0.696 = 1.696；

（5）用 100 除以 1 + RS，即 100/1.696 = 58.962；

（6）$100 - 58.962 = 41.038$。

（7）14 天的强弱指标 RSI 为 41.038。

不同日期的 14 天 RSI 值当然是不同的，连接不同的点，即成 RSI 的轨迹。

从 RSI 指标的计算方法可以看出，RSI 指标是以时间为参数，构成参数的时间周期可以是日、月或周、年、分钟等，而这些时间周期又根据股票上市时间的长短和投资者的取舍，理论上可以采取任意的时间长度，但在大多数股市分析软件上，各种时间周期的变动范围又大都被限定在 1~99 内，如 1~99 日、1~99 周等。

从理论上讲，较短周期的 RSI 指标虽然比较敏感，但快速震荡的次数较多，可靠性较差；较长周期的 RSI 指标尽管信号可靠，但指标的敏感性不够，反应迟缓，因而经常出现错过买卖良机的现象。解决该问题的一个方法是用复合周期的指标来化解，用月 RSI 指标选长线股，用周 RSI 指标作中线依据，用日 RSI 指标判断短线警示，用 60 分钟 RSI 指标决定高抛低吸。

3. RSI 指标的取值

受计算公式的限制，不论价位如何变动，强弱指标的值均在 0~100。中轴区域标注的是 50 的分界线是通常认定的强弱分界线。在这个区域上方往往代表的是技术上的强势状态，而在其下方则代表弱市的走势状态。对于大多数投资者而言，这条界线也往往是操作风险大小的分界线，水平欠佳的投资者应避免在 50 区域下方进行过度交易。

4. RSI 指标的超买超卖

一般而言，RSI 的数值在 80 以上和 20 以下为超买超卖区的分界线：

（1）当 RSI 值超过 80 时，表示整个市场力度过强，多方力量远大于空方力量，双方力量对比悬殊，多方大胜，市场处于超买状态，后续行情有可能出现回调或转势，此时，投资者可卖出股票。

（2）当 RSI 值低于 20 时，则表示市场上卖盘多于买盘，空方力量强于多方力量，空方大举进攻后，市场下跌的幅度过大，已处于超卖状态，股价可能出现反弹或转势，投资者可适量建仓，买入股票。

（3）当 RSI 值处于 50 左右时，说明市场处于整理状态，在这种情况下，投资者要保持观望态度。

事实上，对于超买超卖区的界定，投资者需要结合市场的具体情况加以判

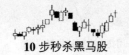

断。在一般情况下，RSI 指标在 80 以上或者 20 以下就可称为超买或者超卖。然而，当行情处于牛市时，超买区就可设定为 90 以上，当行情处于熊市时，超卖区可定位为 10 以下。需要说明的是，这点是相对于参数设置小的 RSI 而言的，如果参数设置大，则 RSI 很难到达 90 以上和 10 以下。

二、利用 RSI 指标捕捉黑马股

1. RSI 指标在低位形成双重底

股价下跌后形成横盘震荡走势，RSI 曲线在低位（50 以下）形成双重底，意味着股价的下跌动能已经减弱，股价有可能构筑中长期底部，投资者可逢低分批买进。如果股价走势曲线也先后出现同样形态则更可确认。一旦双重底的颈线被突破，往往是一个很好的买进信号，投资者可以大胆参与操作。

以长春燃气（600333）为例，该股前期大幅下跌，最后在 7 元上方出现企稳

图 9-2　RSI 指标的双重底

迹象，此时 RSI 指标在低位逐渐形成一个双重形态，有止跌的表现。当然双重形只是双重形，还不能称为双重底，除非指标线突破双重形的颈线，这时才算是双重底正式成立。2010 年 7 月 6 日，该股收出中阳线，此时 RSI 指标继续上升，突破双重形的颈线，双重底正式成立，这应该是一个反弹的起涨点，可适当参与。

需要说明的是，该例中 RSI 指标的双重底是在股价大幅下跌之后形成的，有强烈的反弹需求。在这种情况下，双重底的突破就是反弹启动的标志，可以参与。

2. RSI 指标出现底背离

一般而言，RSI 指标在运行方向上与股价的总体运行方向基本趋于同步，但在形成头部或底部的阶段常常会出现异样的走势状态。如果在底部区域出现了价格还在创出新低，而指标线却出现低点在不断抬高的局面，则很可能是市场见底的信号，这种现象称为指标的底部背离现象，是一个较好的买入建仓信号，如图 9-3 所示。

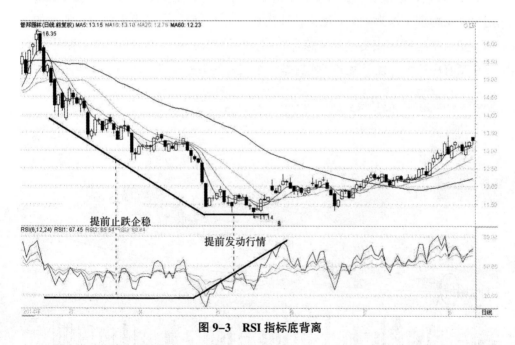

图 9-3　RSI 指标底背离

需要指出的是，这种信号虽然准确率相对较高，却存在着一个不足：这种背离的现象往往会连续出现多次，而股价很可能会延续原来的方向运行相当长一段时间后才出现转向的现象。因此，这种现象对判断底部区域是十分奏效的，但在

具体操作时，还需要配合其他的参考信号共同判断。

从实战的情形来看，RSI 指标背离用来预测大盘有非常大的参考意义，对于个股可能作用不大。但如果要利用该指标来捕捉黑马股，最好是结合其波动区域来谈。一般情况下，6 日 RSI 指标值跌到 20 以下常常具有短线机会，而这个机会的上涨幅度只能靠 6 日 RSI 和 14 日 RSI 指标所形成的形态，若形成了双底，头肩底等产生的幅度可能会比较大。这里需要重点说明：首先，如果 6 日 RSI 跌到 20 以下没有形成一次稍微大的反弹行情，而且当时处于一个下降通道的横盘整理，那么可能就会出现一次暴跌过程。其次，假如 6 日 RSI 数天徘徊在 20 以下都没反弹，那么就可以考虑运用 RSI 指标背离预测功能来鉴定其是否形成了中期底部。

3. RSI 指标金叉分析

如果某股股价经过一段下跌后筑底，然后股价回升，此时的 RSI 指标 6 日线上穿 12 日线，形成金叉，说明多头开始占据优势，空头节节败退。投资者可以把 RSI 指标金叉作为一个起涨点，适当参与。RSI 指标金叉也需要结合股价的整体位置、平均线和成交量等来综合研判。如果出现金叉的时候平均线系统向好，成交量有序放大，说明做多扎实，是一个较好的买入时机，如图 9-4 所示。

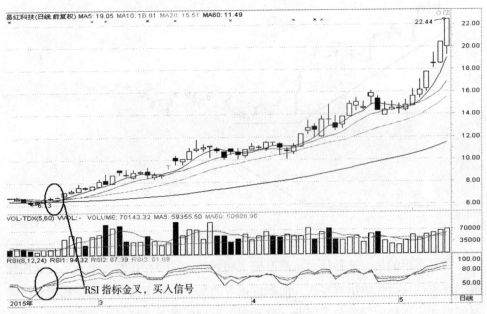

图 9-4　RSI 指标金叉

　　图9-4中，昌红科技（300151）在2015年2月12~13日连续两天小幅上涨收出小阳星，虽然幅度较小，但是股价已经站上所有平均线，成交量也明显放大，多头渐呈强势。此时的RSI指标也同步产生了金叉，验证了多头走强的态势，投资者可以适当参与。该股此后快速拉升，短线涨幅可观，中线持有获益更是不菲。当然涨幅不是RSI指标金叉能判断的，RSI指标金叉只是提供了一个短线买点。

　　4. 寻找超跌反弹股

　　当RSI指标跌至20以下，说明股价在短时间内将会出现极度超跌，反弹随时都有可能发生。此时，投资者也需要结合成交量加以分析。当成交量也出现较大幅度和一定时间的萎缩（代表主力洗盘充分和市场低迷观望），K线形态呈小阴小阳横向波动时，是一个较好的短线狙击时间；之后，一旦成交量有效放大，则反弹展开，RSI指标很快就能脱离20以下的弱势区。由于有时会出现指标低部极度背驰现象，在RSI指标快速脱离20以下的弱势区以后，其指标运动的第一目标位和阻力位将在50附近，在此指标位可能出现一定的短线回调（称二次探底确认突破有效性），这时又是一个二次绝佳介入点。由于股价脱离弱势区时短线资金的介入，二次缩量探底介入的成功率估计可达80%以上。

　　5. 9日RSI和12日RSI相结合捕捉黑马股

　　当9日RSI曲线和12日RSI曲线在中位（50左右）几乎同时向上运行，并且股价也依托中短期均线向上运行时，则表明多头力量开始占主导地位，股价将展开一轮上升行情，这是RSI指标比较明显的持股待涨信号。此时，投资者应坚决持股待涨，直至RSI指标发出短线卖出信号。

　　当9日RSI和12日RSI曲线在50数值下方，几乎同时向上突破50数值这条RSI指标的多空平衡线时，表明多头力量开始增强，股价将向上攀升，这也是RSI指标所指示的中线买入信号。特别是当前期股价经过了在一段狭小的价位区间整理，然后带量突破时，这种买入信号比较准确。此时，投资者应及时买入。

点金箴言

　　需要提醒投资者的是，在利用RSI指标进行强弱判断和买卖操作时，在一些特殊的区域中会出现一些性能上的不足。当股价在下降过程中的局部区域中形成一个波峰时，虽然指标会出现转强的金叉或一些提示信号，但往往成功率不高。

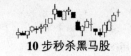
当双底形成后，可靠性才大大增加，因此尽量避免在第一个低点构筑后进行交易，交易则重点参看其他指标信号进行判断为佳。另外，RSI 指标在连续上涨或下跌过程中，指标会呈现出高位或低位钝化的局面。这种钝化的现象就使得该指标不能很灵敏反映出快速的顶底买卖点信号。而这种不足，就只能是依据于不同周期进行统一判断才可能进行补救，如利用周线和日线及分钟线的 RSI 指标共同参看等。

第二节　MACD 指标捕捉黑马股

一、认识 MACD 指标

1. MACD 指标的概念

所谓 MACD 指标，又可以称为指数平滑异动平均线，是基于均线的构造原理，对价格收盘价进行平滑处理（求出算术平均值）后的一种趋向类指标。它主要由两部分组成，即正负差（DIF）、异同平均数（DEA）。在现有的技术分析软件中，MACD 还有一个辅助指标：柱状线（BAR）。当 MACD 从负数转向正数，是买的信号。当 MACD 从正数转向负数，是卖的信号。当 MACD 以大角度变化，表示快的移动平均线和慢的移动平均线的差距非常迅速地拉开，代表了一个市场大趋势的转变，如图 9-5 所示。

2. MACD 指标的计算公式

就 MACD 指标而言，其计算公式如下：

（1）计算移动平均值（EMA）。

12 日 EMA 的算式为：

EMA（12）＝前一日 EMA（12）×11/13＋今日收盘价×2/13

26 日 EMA 的算式为：

EMA（26）＝前一日 EMA（26）×25/27＋今日收盘价×2/27

（2）计算离差值（DIF）。

DIF＝今日 EMA（12）－今日 EMA（26）

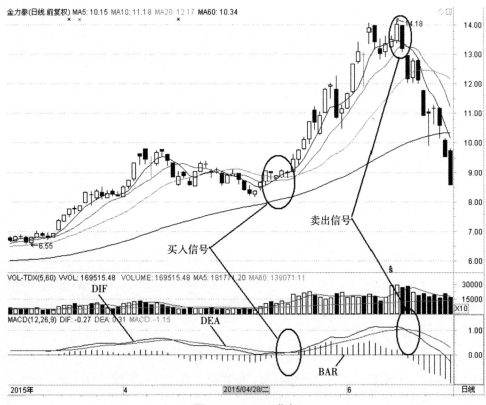

图 9-5　MACD 指标

（3）计算 DIF 的 9 日 EMA。

根据离差值计算其 9 日的 EMA，即离差平均值，是所求的 MACD 值。为了不与指标原名相混淆，此值又名 DEA 或 DEM。

今日 DEA（MACD）= 前一日 DEA×8/10＋今日 DIF×2/10

（4）计算 BAR 柱状线。

BAR = 2×（DIF－DEA）

其中，计算出的 DIF 和 DEA 的数值均为正值或负值。

3. MACD 指标的基本分析

从 MACD 指标的计算公式可以看出，在 MACD 指标中，DIF 是快速平滑移动平均线（EMA1）和慢速平滑移动平均线（EMA2）的差。而且，MACD 的辅助指标——柱状线（BAR），在大多数技术分析软件中是有颜色的，在低于 0 轴以下是绿色，高于 0 轴以上是红色，前者代表趋势较弱，后者代表趋势较强。它们

对市场的反应要比短期均线 DIF 在时间上提前。在 MACD 指标中，能量释入的过程，是一个循序渐进的过程，通常是呈逐渐放大的。东方哲学讲求"阳盛则衰，阴盛则强"，在使用能量柱时，利用红色能量柱结合 K 线走势图就得出，当 K 线走势图近乎 90 度的上升，加之红色能量柱的快速放大，预示着大势的顶部已近。尤其是相邻的两段红色能量柱产生连片时，所爆发的行情将更加迅猛。

4. DIF 和 MACD 的值及线的位置

（1）当 DIF 和 MACD 均大于 0（即在图形上表示为它们处于零线以上）并向上移动时，说明目前的大势处于多头市场，可以买入或持股。

（2）当 DIF 和 MACD 均小于 0（即在图形上表示为它们处于零线以下）并向下移动时，说明目前的大势处于空头市场，可以卖出股票或观望。

（3）当 DIF 和 MACD 均大于 0（即在图形上表示为它们处于零线以上）但都向下移动时，一般表示为股票行情处于退潮阶段，股票将下跌，可以卖出股票和观望。

（4）当 DIF 和 MACD 均小于 0 时（即在图形上表示为它们处于零线以下）但向上移动时，一般表示为行情即将启动，股票将上涨，可以买进股票或持股待涨。

二、利用 MACD 指标捕捉黑马股

1. MACD 指标低位两次金叉

实践证明：MACD 低位两次金叉出暴利机会。MACD 指标的要素主要有红色柱、绿色柱、DIF 指标、DEA 指标。其中，当 DIF、DEA 指标处于 0 轴以下的时候，如果短期内（8 或 13 个交易日内）连续发生两次金叉，则发生第二次金叉的时候，可能发生暴涨，如图 9-6 所示。

对于普通投资者来讲，在利用 MACD 指标低位两次金叉捕捉黑马股的时候，要把握以下几点：

（1）MACD 低位一次金叉的，未必不能出暴涨股，但"MACD 低位二次金叉"出暴涨股的概率和把握更高一些。

（2）"MACD 低位二次金叉"出暴涨股的概率和把握所以更高一些，是因为经过"第一次金叉"之后，空头虽然再度小幅进攻，造成又一次死叉，但是，空头的进攻在多方的"二次金叉"面前，遭遇溃败，从而造成多头力量的喷发。

图 9-6 MACD 两次金叉

（3）"MACD 低位二次金叉"，如果结合 K 线形态上的攻击形态研判，则可信度将提高。

2. MACD 指标出现底背离

底背离一般出现在股价的低位区，当股价 K 线图上的股票走势，股价还在下跌，而 MACD 指标图形上由绿柱构成的图形走势是一底比一底高，即当股价的低点比前一次低点低，而指标的低点却比前一次的低点高，这叫底背离现象。如图 9-7 所示。底背离现象一般是预示股价在低位可能反转向上的信号，表明股价短期内可能反弹向上，是短期买入股票的信号。

3. MACD 指标捕捉底部黑马

选择股价经深幅下挫、长期横盘的个股，同时伴随成交量的极度萎缩，继而股价开始小幅扬升，MACD 指标上穿 0 轴。此时还不是介入时机，还应耐心等待股价回调，待 MACD 指标回至 0 轴之下，再观察股价是否创下新低。在股价不

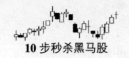
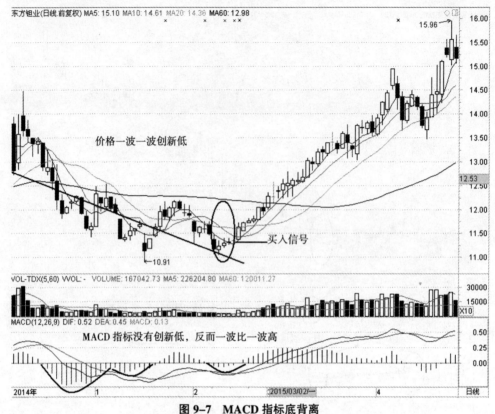

图 9-7　MACD 指标底背离

创新低的前提之下，股价再次上扬，同时 MACD 指标再次向上穿越 0 轴时，则选定该股，此时为最佳买进时机。

　　需要说明的是，当投资者买进之后，如果股价不涨反跌，MACD 再次回到 0 轴之下，应密切关注股价动向，一旦股价创下新低，说明下跌趋势未止，应坚决止损出局。否则，应视为反复筑底的洗盘行为。

　　4. MACD 指标连续二次翻红

　　一般情况下，如果个股满足"MACD 指标连续二次翻红"这个条件，往往会出现较好的上涨行情。所谓 MACD 连续二次翻红，是指 MACD 第一次出现红柱后，还没有等红柱缩没变绿时便再次放大其红柱，这是利用 MACD 选强势股的关键，也是介入的最佳买点。特别是前期下跌时间长、下跌幅度大的个股，一旦出现"MACD 连续二次翻红"形态，股价企稳回升的概率较大，如图 9-8 所示。

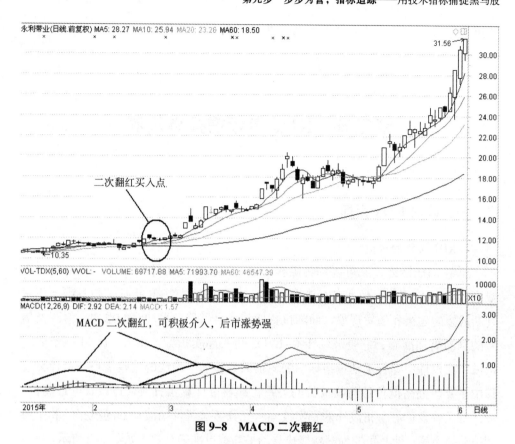

图 9-8　MACD 二次翻红

在具体操作的时候，如果投资者发现某股符合"MACD 指标连续二次翻红"，并且也满足以下四点，那么该股在短时间内很有可能出现大幅度上涨：

（1）30 日移动平均线由下跌变为走平或翘头向上，5 日移动平均线、10 日移动平均线、30 日移动平均线刚刚形成多头排列。

（2）日 K 线刚刚上穿 30 日移动平均线或在 30 日移动平均线上方运行。

（3）DIF 在 0 轴下方与 MACD 金叉后可靠意义将会更大，在第一次翻红后，红柱开始缩短，越短越好，最好不要超过 0 轴的第一横线。

（4）成交量由萎缩逐渐放大，特别是在二次翻红后，若能得到成交量的配合，该股后市向上冲击的力量会更大。

点金箴言

需要提醒投资者的是，在使用 MACD 指标时必须判定市场的属性，即目前

的市场是多头市场，还是空头市场。根据不同的市场属性，采取不同的操作策略，以回避风险，保障利润。

第三节　KDJ指标捕捉黑马股

一、认识KDJ指标

1. KDJ指标的概念

所谓KDJ指标，又可以称为随机指标，其设计的思路与计算公式都起源于威廉（W%R）理论，但比W%R指标更具使用价值，W%R指标一般只限于用来判断股票的超买和超卖现象，而随机指标却融合了移动平均线的思想，对买卖信号的判断更加准确；它是波动于0~100的超买超卖指标，由K、D、J三条曲线组成，在设计中综合了动量指标、强弱指数和移动平均线的一些优点，在计算过程中主要研究高低价位与收盘价的关系，即通过计算当日或最近数日的最高价、最低价及收盘价等价格波动的真实波幅，充分考虑了价格波动的随机振幅和中短期波动的测算，使其短期预测功能比移动平均线更准确有效。如图9-9所示。

2. KDJ指标的计算公式

一般而言，KDJ指标的计算公式如下：

（1）计算未成熟随机指标值（RSV值）：

n日 $RSV = (C_n - L_n) \div (H_n - L_n) \times 100$

其中，C_n 为第n日收盘价；L_n 为n日内的最低价；H_n 为n日内的最高价。RSV值始终在1~100波动。

（2）计算K值与D值：

当日K值 = 2/3 × 前一日K值 + 1/3 × 当日RSV

当日D值 = 2/3 × 前一日D值 + 1/3 × 当日K值

若无前一日K值与D值，则可分别用50来代替。

需要说明的是，式中的平滑因子1/3和2/3是可以人为选定的，不过目前已经约定俗成，固定为1/3和2/3。在大多数股市分析软件中，平滑因子已经被设

图9-9 KDJ指标

定为 1/3 和 2/3，不需要作改动。

（3）计算 J 值：

$$J=3D-2K=D+2（D-K）$$

可见 J 是 D 加上的一个修正值，J 的实质是反映 D 和 D 与 K 的差值。此外，有的书中 J 指标的计算公式为：$J=3K-2D$。

3. KDJ 指标的取值

在 KDJ 指标中，K 线是快速确认线，取值范围是 0~100，数值在 90 以上为超买，数值在 10 以下为超卖；D 线是慢速主干线，取值范围是 0~100，数值在 80 以上为超买，数值在 20 以下为超卖；J 指标取值超过 100 和低于 0，都属于价格的非正常区域。大于 100 为超买，小于 0 为超卖，并且，J 值的信号不会经常出现，一旦出现，则可靠度相当高。

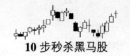

4. KD 指标的交叉

K 与 D 的关系就如同股价与 MA 的关系一样，也有死亡交叉和黄金交叉的问题，不过这里交叉的应用是很复杂的，还附带很多其他条件。

以 K 从下向上与 D 交叉为例：K 上穿 D 是金叉，为买入信号。但是出现了金叉是否应该买入，还要看别的条件：第一个条件是金叉的位置应该比较低，是在超卖区的位置，越低越好。第二个条件是与 D 相交的次数。有时在低位，K、D 要来回交叉好几次。交叉的次数以 2 次为最少，越多越好。第三个条件是交叉点相对于 KD 线低点的位置，这就是常说的"右侧相交"原则。K 是在 D 已经抬头向上时才同 D 相交，比 D 还在下降时与之相交要可靠得多。

5. J 指标的秘密

一般来讲，投资者在应用 KDJ 指标的时候，更常用的是 KD 指标而不是 KDJ 指标，经常忽略 J 值，没有对 J 值进行深入分析。事实上，J 值是一个值得重视的指标，它处于 0 与 100 时的变化是非常微妙的，能对行情的判断起到重要的引导作用。接下来将从两个方面对 J 值加以详细说明：

（1）多空转向变化指示。当 J 值从低于 30 的数值直接变化到高于 70 的数值时，说明行情将由空转多；当 J 值从高于 70 的数值直接变化到低于 30 的数值时，说明行情将由多转空。一般情况下，J 值的变化幅度越大，则表示多方力量与空方力量的变化越强烈。

（2）多空趋势强化指示。当 KDJ 指标继续上行，而 J 值步入 100 值时，随后若持续处于 100 的数值，则说明多头力量正在加强，多头力量正在强化，价格将继续上涨；当 KDJ 指标继续下行，而 J 值步入 0 值时，随后若持续处于 0 的数值，则说明空头力量正在加强，空头力量正在强化，价格将继续下跌。

二、利用 KDJ 指标捕捉黑马股

1. KDJ 指标低位出现底部形态

当 KDJ 曲线在 50 下方的低位时，如果 KDJ 曲线的走势出现 W 底或三重底等底部反转形态，可能预示着股价由弱势转为强势，股价即将反弹向上，在这种情况下，投资者可逢低吸纳，以轻仓为主，如图 9-10 所示。如果股价曲线也出现同样形态更可确认，其涨幅可以用 W 底或三重底形态理论来研判。

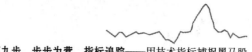

图 9-10 KDJ 指标 W 底买入信号

2. KDJ 指标的黄金交叉

当股价经过一段很长时间的低位盘整行情，并且 K、D、J 三线都处于 50 线以下时，一旦 J 线和 K 线几乎同时向上突破 D 线时，说明大势即将走强，股价也会很快结束下跌。在这种情况下，投资者可以对此股予以关注，适时买进。事实上，这是 KDJ 指标"黄金交叉"的一种形式。如图 9-11 中金叉 1 与金叉 3 属于这种情况。

当股价经过一段时间的上升过程中盘整行情，并且 K、D、J 线都处于 50 线附近徘徊时，一旦 J 线和 K 线几乎同时再次向上突破 D 线，成交量再度放出时，表明股市处于一种强势之中，股价将再次上涨，这就是 KDJ 指标"黄金交叉"的一种形式。如图 9-11 中的金叉 2 即属于此种情形。此时，投资者可以选择持股或者加码买入。

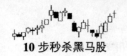

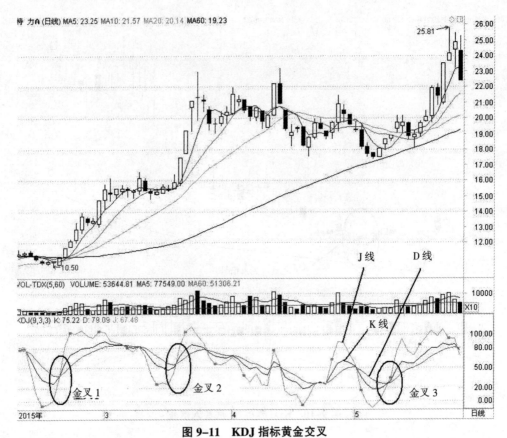

图 9–11　KDJ 指标黄金交叉

3. KDJ 指标的底背离

所谓底背离，是指当股价 K 线图上的股票走势一峰比一峰低，股价在向下跌，而 KDJ 曲线图上的 KDJ 指标的走势是在低位一底比一底高。底背离现象的出现，说明股价在未来一段时间内将会展开一波上涨行情，为买进信号，如图9–12 所示。

4. KDJ 指标和波浪理论捕捉黑马股

在具体操作中，当投资者利用 KDJ 进行买卖股票的时候，往往会经历这样一种情况：有时 KDJ 指标黄金交叉之后，股价确实上涨了不少；但是，有时股价不涨反跌或者刚上涨就步入下跌行情，导致很多投资者对 KDJ 的实战价值产生质疑。当然，KDJ 指标在一定条件下，确实能为投资者提供一些买卖信号。从实战情形来看，将 KDJ 与波浪理论结合起来应用效果较好。下面介绍如何利用

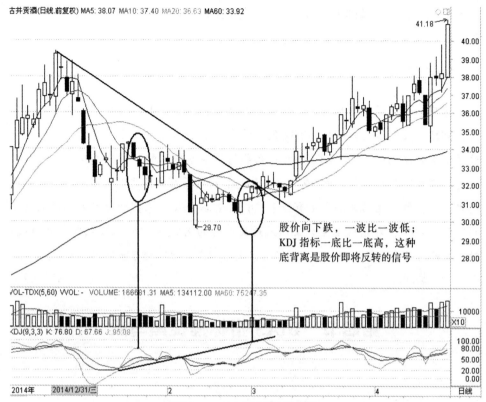

图 9-12　KDJ 指标的底背离

KDJ 指标捕捉"下跌三浪底部起涨点"：

（1）设定技术指标参数，将周线移动平均线参股设定为 5、13、21，将周 KDJ 设定为 5，将月线移动平均线参数设定为 3、6、12，将月线 KDJ 参数设定 6。

（2）调整好以上参数后，便是选股条件。如果一只股票在连续下跌过程中符合了以下条件，那就说明该股的跌势已尽，随之而来的是一波非常理想的上涨行情：

第一，股价的下跌完成了"下跌、反弹、下跌"的三浪过程，并且在第三浪下跌时创出了新低。

第二，股价在第三浪下跌过程中，随着股价的不断下跌，成交量逐步萎缩，并保持在一定水平。

第三，5、13、21 周移动平均线呈空头排列，或 3、6、12 月均移动平均线呈空头排列。

第四，在以上基础上，KDJ 发生黄金交叉，并且交叉时收的是周阳线（或月阳线）。

点金箴言

客观来讲，股市中不存在完美的技术指标，任何技术指标都有其缺陷和局限性，KDJ 对轧空单边式钝化的盲区使得许多投资者或者错过进一步的行情，或者过早地去做反向的交易。KDJ 指标是研判行情经常使用的一种技术指标，它的优点是对价格的未来走向变动比较敏感，KDJ 指标的反应敏感又是它不足的地方。解决单一指标所产生的缺陷办法有很多，投资者结合 K 线来判断能更大限度地提高判断的正确率，即指标发生金叉（或死叉）时的 K 线为中大阳线（或中大阴线）时，且此时的 J 值高于 70（或低于 30），买入（或卖出）的可靠性比较强。

第四节　BIAS 指标捕捉黑马股

一、认识 BIAS 指标

1. BIAS 指标的概念

所谓 BIAS 指标，也可以称为乖离率或者 Y 值，是依据葛兰碧移动均线八大法则而派生出来的一项技术分析指标，它是通过一定的数学公式，来计算和总结出当价格偏离移动平均线的程度，指出买卖时机，如图 9-13 所示。

具体来讲，BIAS 是表示计算期的股价指数或个股的收盘价与移动平均线之间的差距的技术指标，它是对移动平均线理论的重要补充。它的功能在于测算股价在变动过程中与移动平均线的偏离程度，从而得出股价在剧烈变动时，因偏离移动趋势过远而可能造成的回档和反弹。BIAS 认为：如果股价离移动平均线太远，不管是股价在移动平均线之上，还是在移动平均线之下，都不会保持太长的时间，而且随时会有反转现象发生，使股价再次趋向移动平均线。

2. BIAS 指标的计算公式

就 BIAS 指标而言，其计算公式如下：

图 9-13　BIAS 指标

Y 值=（当日收市价-N 日内移动平均收市价）/N 日内移动平均收市价×100%

其中，N 日为设立参数，可按自己选用移动平均线日数设立，一般分定为 6 日、12 日、24 日和 72 日，亦可按 10 日、30 日、75 日设定。

3. BIAS 指标的正负值转换

一般而言，BIAS 指标有正负之分，即正乖离和负乖离。当股价在移动平均线之上时，其乖离率为正，反之则为负；当股价与均线一致时，乖离率为 0。随着股价走势的强弱和升跌，乖离率周而复始地穿梭于 0 点的上方和下方，其值的高低对未来走势有一定的测市功能。一般而言，正乖离率涨至某一百分比时，表示短期多头获利回吐可能性大，呈卖出信号；负乖离率降到某一百分比时，表示空头回补的可能性大，呈买入信号。

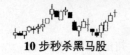

4. BIAS 指标的取值

BIAS 乖离率数值的大小可以直接用来研究股价的超买超卖现象，判断买卖买卖股票的时机。由于选用 BIAS 周期参数的不同，其对行情的研判标准也会随之变化，但大致方法基本相似。以 5 日乖离率和 10 日乖离率为例，具体方法如下：

（1）在弱势市场上，股价的 5 日乖离率达到-5 以上，为超卖，投资者可做好买进的准备；而当股价的 5 日乖离率达到 5 以上，为超买，投资者需要做好卖出的准备。

（2）在强势市场上，股价的 5 日乖离率达到-10 以上，为超卖，短线投资者可以择机买进；当股价的 5 日乖离率达到 10 以上，为超买，短线投资者应择机卖出股票。

（3）结合我国沪深股市的实际，在一些暴涨暴跌的时机，对于综合指数而言，当 10 日乖离率大于 10 时，预示股指已出现超买现象，可逢高卖出；当 10 日乖离率小于-5 时，预示股指已出现超卖现象，可逢低吸纳。而对个股而言，当 10 日乖离率大于 15 时，为短线卖出时机；当 10 日乖离率小于-10 时，为短线买入时机。

二、利用 BIAS 指标捕捉黑马股

1. 6 日 BIAS 乖离率指标捕捉黑马股

BIAS 指标是短线指标中最敏感、最实用、最准确的指标。对强势股而言，6 日 BIAS 小于-7，逢低吸纳；6 日 BIAS 大于 10，则逢高派发。此方法在实战中得到了很好的印证，且获利丰厚。

2. BIAS 指标低位出现底部形态

股价经过长期下跌后筑底，然后反转上行，此时的 BIAS 指标 24 日线在低位形成 W 底，一旦 24 日线穿越颈线，就说明底部正式形成，投资者可以积极参与。另外，在整体上升趋势的回调中也可能形成 W 底，在 24 日线穿越颈线时可以积极买入，如图 9-14 所示。

3. 不同时期的 BIAS 线交叉

在大多数股市分析软件上，BIAS 指标构成主要是由不同时期（一般取短、中、长）的三条 BIAS 曲线构成。当短、中、长期 BIAS 曲线始终围绕着 0 度线，

图 9-14 BIAS 指标 W 底买入信号

并在一定的狭小范围内上下运动时，说明股价是处于盘整格局中，此时投资者应以观望为主。当短期 BIAS 曲线开始在底部向上突破长期 BIAS 曲线时，说明股价的弱势整理格局可能被打破，股价短期将向上运动，投资者可以考虑少量长线建仓。当短期 BIAS 曲线向上突破长期 BIAS 曲线并迅速向上运动，同时中期 BIAS 曲线也向上突破长期 BIAS 曲线，说明股价的中长期上涨行情已经开始，投资者可以加大买入股票的力度。

4. BIAS 曲线的底背离

所谓底背离，是指当 BIAS 曲线开始从低位向上扬升，形成一底比一底高的走势，而股价曲线却还是缓慢下降，形成一底比一底低的走势。底背离的出现，说明股价在未来一段时间内将会出现上涨行情，为跟进信号。

点金箴言

需要说明的是，对于 BIAS 指标的应用，投资者需要注意以下三点：第一，对于风险不同的股票应区别对待。有业绩保证且估值水平合理的个股，在下跌时

乖离率通常较低时就开始反弹。反之，对绩差股而言，其乖离率通常在跌至绝对值较大时，才开始反弹。第二，要考虑流通市值的影响。流通市值较大的股票，不容易被操纵，走势符合一般的市场规律，适宜用乖离率进行分析。而流通市值较小的个股或庄股由于容易被控盘，因此在使用该指标时应谨慎。第三，要注意股票所处价格区域。在股价的低位密集成交区，由于筹码分散，运用乖离率指导操作时成功率较高，而在股价经过大幅攀升后，在机构的操纵下容易暴涨暴跌，此时成功率则相对较低。

第五节　OBV 指标捕捉黑马股

一、认识 OBV 指标

1. OBV 指标的概念

所谓 OBV 指标，又可以称为能量潮指标，是葛兰碧于 20 世纪 60 年代提出的，并被广泛使用。股市技术分析的四大要素：价、量、时、空。OBV 指标就是从"量"这个要素作为突破口，来发现热门股票、分析股价运动趋势的一种技术指标。它是将股市的人气——成交量与股价的关系数字化、直观化，以股市的成交量变化来衡量股市的推动力，从而研判股价的走势。关于成交量方面的研究，OBV 能量潮指标是一种相当重要的分析指标之一。

OBV 指标由 OBV 值和 OBV 线构成的。OBV 线方法是葛兰碧又一大贡献，他将"量的平均"概念加以延伸，认为成交量是股市的元气，股价只不过是它的表象特征而已。因此，成交量通常比股价先行。这种"先见量，后见价"的理论早已为股市所证明。

事实上，OBV 以"N"形为波动单位，并且由许许多多"N"形波构成了OBV 的曲线图，我们对一浪高于一浪的"N"形波，称其为"上升潮"，至于上升潮中的下跌回落则称为"跌潮"。

2. OBV 指标的计算公式

一般而言，OBV 指标的计算公式并不复杂。首先，我们假设已经知道了上

图 9-15　OBV 指标

一个交易日的 OBV，就可以根据当天的成交量以及当天的收盘价与上一个交易
日的收盘价的比较计算出当天的 OBV，用数学公式表示如下：

今日 OBV = 昨天 OBV + Sgn × 今天的成交量（成交股票的手数，不是成交金额）

其中，Sgn 是符号的意思，Sgn 可能是 +1，也可能是 -1，这由下式决定：

Sgn = +1　今收盘价 ≥ 昨收盘价

Sgn = -1　今收盘价 < 昨收盘价

3. OBV 线的使用方法

在实战中，OBV 线是表现量与价间的关系，因此在画 OBV 线时必须搜集当
日的指数与成交值，将它们制成表格，添加涨跌栏、正负数栏与累积数栏。当日
股价指数较前一日股价指数高，则在涨跌栏以"△"表示；若较前一日股价指数
低，则以"×"表示。当日指数上涨，成交值则是正数，为计算方便，成交值则
以亿元为单位，将其登录于符号栏，则以"+"表示；当日指数下跌，成交值则

是负数，以"-"表示。将每日涨跌之正负数累积起来，可得一累积数，OBV 线便是根据此数字用图形显示能量潮的关系。

4. OBV 指标的曲线方向

（1）股价上涨时，OBV 指标同步向上，给出大盘或个股的信号就是一个价涨量增的看涨信号，表明市场的持仓兴趣在增加。反之，股价上涨、OBV 指标同步呈向下或水平状态，实际上是上涨动能不足，表明市场的持仓兴趣没有多大的变化，大盘或个股的向上趋势都难以维持。

（2）股价下跌时，OBV 指标同步向下，给出大盘或个股的信号就是一个下跌动能增加的信号。市场做空动能的释放必然会带动股票价格大幅下行，此时，投资者要做的就是止损离场。

（3）股价变动、OBV 指标呈水平状态，这种情形在 OBV 指标的表现中最常见到。OBV 指标呈水平状态首先表明目前市场的持仓兴趣变化不大，其次表明目前大盘或个股为调整状态，投资者最好不要参与调整。

二、利用 OBV 指标捕捉黑马股

1. OBV 指标的底部形态

当股价波动形态有可能形成 W 底（或三重底等底部形态）时，OBV 线也会发出较强的警示信号。当股价形态即将形成 W 底时，如果与之相对应的 OBV 线领先上扬，成交量放大，是一种股价可能短期见底的信号。如果 OBV 线与股价形态几乎同时形成三重底时，股价阶段性的底部特征将更明显。

2. OBV 指标的底背离

如果经过前期一段较大的下跌行情后，股价继续下跌，而 OBV 线却开始掉头向上，表明股票低价位买盘较积极，买方力量开始加大，是短线买入信号。

3. OBV 指标捕捉大黑马

在实际操作中，投资者在利用 OBV 指标捕捉大黑马时，首先需要确定操作对象是一只有主力资金入驻的股票，但由于各种因素其股价被迫下跌走低，一旦机会成熟则有望出现报复性的反弹行情。此时，从 OBV 的指标中可以判断其股价启动的最佳时期。通常情况下，这类股票往往会表现出其股价不断下探整理，但其 OBV 的数值不会持续下探走低，而是呈现横盘的态势，其时间至少在一个月以上。其实，时间越久，一旦股价启动，则其上涨的力度也越大。

需要说明的是，OBV 指标在多数情况的实战价值并不高。这主要是因为随着市场规模的增大以往个股的股本增加，其绝对值是不断增加的，OBV 指标主要是在个股出现极端情况下具有一定的提示作用，实际上是寻找庄股黑马的操作，因此它的前提就是要先找到有资金介入并被套的个股，此类个股往往会出现大力度的上涨行情。此时，综合市场热点题材等方面的因素，并根据 OBV 的横盘时间进行综合分析，一旦其数值向上创新高，往往就是该股出现大力度行情的开始，投资者可以及时参与。

4. OBV 指标与均线、成交量结合捕捉黑马股

实践证明：OBV 能量潮指标与中期均线系统、短期均线系统及成交量均线系统整合为一个大的系统来考察个股，尤其适用于挖掘刚刚从盘整状态突围出来的黑马股。其使用原则如下：

（1）OBV 线呈 N 形波动，当 OBV 线超越前一次 N 形高点时，则记下一个向上的箭头；当 OBV 线跌破前一次 N 字形低点时，就记下一个向下的箭头。

（2）当 OBV 线连续形成 N 形上涨状态，则上涨的股价将要出现反转。

（3）当 OBV 线在连续小 N 形上涨时，又出现大 N 形上涨状态，则行情随时可能出现反转。

（4）OBV 线的走向与股价曲线产生"背离"时，说明当时的走势是虚假的。不管当时股价是上涨行情还是下跌行情，都随时有反转的可能，投资者需要格外留意。

点金箴言

OBV 指标是短期操作技术的重要判断方法，仅涉及价和量的技术因素面，与基本因素毫不相干，因此适用范围仅限于短期操作，而不适于长线投资。另外，需要说明的是，这种以股价趋势的"量"来预测"势"的研判方法，因其有技术上的理论基础，所以，投资者采用颇为普遍。但是，决定买卖时机的判断基准，最好加上"股市人气指标盛衰"的考虑，因为股市人气反映出股市交易是否活络，市场气势是否旺盛，以及投资者信心是否坚定等。

第十步　洞察秋毫，慧眼识金
——通过消息面捕捉黑马股

第一节　政策利好捕捉黑马股

一、解读政策市

所谓政策市，是指利用政策来影响股指的涨跌，政策的操作和影响对象很明确，就是股票指数。从以往直接针对股市出政策，或者说是直接干预股市，到目前利用市场化的政策手段实现监管目的，这些变化体现了证监部门监管手法的改变。

事实上，关于我国股市是否应该存在政策市这一问题，一直存在着不一样的声音：一种认为股市不应当是政策市，政府不应当对股市进行过多干预；另一种认为股市是政策市，尤其在中国股市更是政策市。

客观来讲，中国股市之所以称为"政策市"，主要有以下几个原因：①中国股市处在政策法规及执行不完善的阶段，新的政策法规不断出台，而老的政策法规又在不断调整之中。②中国政府要利用股市解决不同时期的社会突出问题。③中国股市内在运行机制不完善决定了政府在牛市高涨期必然要出台抑制股市过快上涨的政策，而熊市低迷状态下必然要出台挽救股市政策。

二、政策利好的分析

所谓政策利好，是指政府出台的政策有利于股市上涨。反之，政府出台的政策不利于股市上涨，称为政策利空。

1. 利好

所谓利好，是指刺激股价上涨的信息，如股票上市公司经营业绩好转、银行利率降低、社会资金充足、银行信贷资金放宽、市场繁荣等，以及其他政治、经济、军事、外交等方面对股价上涨有利的信息。

例如，2014 年 11 月 24 日，国务院总理李克强在水利部考察时强调，集中力量建设重大水利工程；11 月 25 日，水利部部长陈雷表示，要全力加快工程建设进度；11 月 26 日，《国务院关于创新重点领域投融资机制鼓励社会投资的指导意见》正式发布，提出鼓励社会资本投资运营农业和水利工程。这一系列动作无疑对水利建设来说是利好。受益最大的无疑是水利板块，包括水利建设以及相关产业链企业，如安徽水利、葛洲坝、钱江水利、粤水电、三峡水利等，节水灌溉企业也受益，如大禹节水、亚盛集团、国统股份、新界泵业、利欧股份。图 10-1 为水利股钱江水利（600283）2014 年 11 月 24~26 日的 K 线走势图，受政策利好

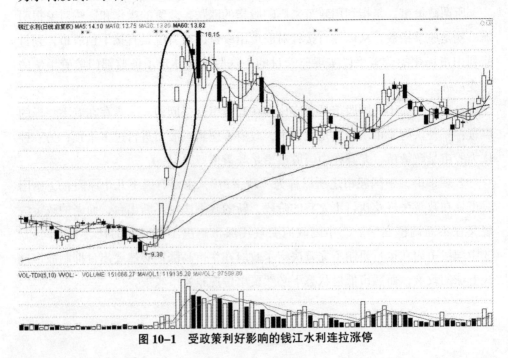

图 10-1　受政策利好影响的钱江水利连拉涨停

影响的钱江水利连拉涨停。

2. 利空

所谓利空，是指能够促使股价下跌的信息，如股票上市公司经营业绩恶化、股市风险加剧、银行紧缩、银行利率调高、经济衰退、通货膨胀、天灾人祸等，以及其他政治、经济、军事、外交等方面促使股价下跌的不利消息。2015 年，当大盘指数一路飙升，突破多个阻力点，出现泡沫和风险后，官媒多次提示交易风险。图 10-2 为官媒提示股市风险后，股价应声大跌，出现阶段性调整。

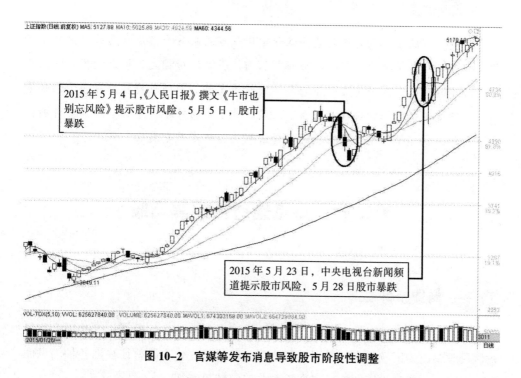

图 10-2 官媒等发布消息导致股市阶段性调整

需要说明的是，任何事物都是相对的，利好和利空因素都不是绝对的。在不同的时间、不同的市场条件下，它们所起的作用也不一样。对于通常意义上的利空，在特定的市场条件下也可能成为利好，投资者要辩证地看。

三、利用政策利好捕捉黑马股

在上升行情中，人们对利好消息敏感，一些并不确切的消息也会刺激投资者蜂拥追随，这时投资者如果抱着原来的财务表，认为只有老牌绩优股才是心中唯

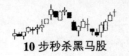

一的对象，那就会错失好多机会了。好消息朦胧入耳时进货，待经正式公布时进货，这是寻找黑马的惯用方法。

从实战的情形来看，消息对投资者有很大的心理作用，坏消息往往引起股价急泄。然而有时坏消息出现，股价却逆势不跌，这时就必须分析：第一，消息是否正确；第二，是不是实质性利空；第三，股价可能已在此前提前反应。如有以上几种情况，股价未下跌甚至逆势上扬，便为你提供了"黑马"的依据。

点金箴言

需要强调的是，投资者要充分认识中国股市的政策市性质。而且，投资者必须按照市场经济"公开、公平、公正"原则、股市运行稳定性原则明确界定政府干预股市的范围，促进中国股市长期持续健康发展。否则政府随意直接干预股票市场，不仅不是在保护投资者利益，而且降低了市场效率，增加了不确定性和信息不对称，破坏了公平，是在损害投资者利益和股市长期发展。

第二节 热点题材捕捉黑马股

一、解读题材

所谓题材，是指股票所含有的某种被投资者普遍关注的因素，这些因素将导致该只股票成为市场热点，并引起较为明显的股价变化。题材往往随各种消息而产生，因此一般具有短期性、多变性和非确定性等特征。

在股市中，题材股是有炒作题材的股票。这些题材可供炒作者（所谓庄家）借题发挥，可以引起市场大众跟风。例如，能源紧张了，一些生产酒精的、生产太阳能电池的替代性的工厂就成为炒作题材，称为新能源概念股；自贸区成为政府工作报告的热点，又出现自贸区概念股；土地流转成为热议话题了，立刻就出现了土地流转概念股。总之，一切可以引起市场兴趣的话题，都是炒作题材，所涉及的股票，也就成了题材股。

在通常情况下，常被用于炒作的题材主要有以下几种：

（1）经营业绩改善或有望改善。从根本来讲，业绩是股市的根本所在。所谓利好的预期最终都会反映到业绩上来，因此这是最有号召力的题材，如图 10-3 所示。

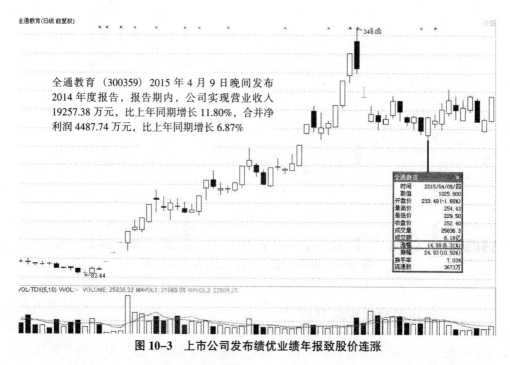

全通教育（300359）2015 年 4 月 9 日晚间发布 2014 年度报告，报告期内，公司实现营业收入 19257.38 万元，比上年同期增长 11.80%，合并净利润 4487.74 万元，比上年同期增长 6.87%

图 10-3 上市公司发布绩优业绩年报致股价连涨

（2）拥有庞大的资源储备有望升值。

（3）国家产业政策扶持。

（4）企业重组、合资合作或股权转让。

分析企业重组、合资题材，要全面考虑合资伙伴的经济实力和市场能量，分清有利的真合资和纯粹为造题材而吹捧的假合资，分清合资的前景是好是坏。

（5）增资配股或送股分红。增资配股本身并不是分红行为，只是给股东一个增加投资的权力；送股分红是上市公司给股东的真正回报。如图 10-4 所示。

（6）控股或收购。控股或收购还仅仅是一个炒作题材，多数控股行为是由于庄家炒作失当，手中的股票越来越多，以至于达到或超过举牌的界限，而不得不举牌。

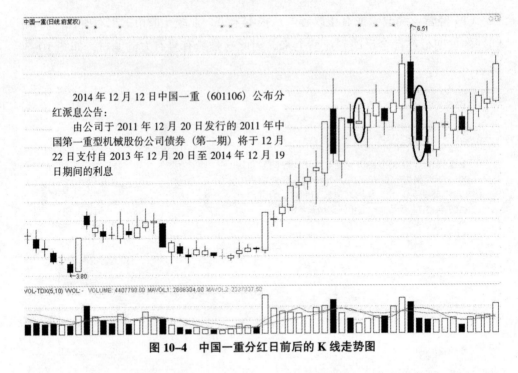

图 10-4　中国一重分红日前后的 K 线走势图

二、利用题材捕捉黑马股

一般来讲，每一新题材的问世，都会使某种股票成为股价飙升的"黑马"。人人都想骑"黑马"，但幸运只会降临到那些善于发现股市题材的"有心人"身上。弃题材而换"黑马"，无异舍本逐末，难遂其愿，与其在那里盲目地寻找"黑马"，不如先分析一下哪些股票有题材，有题材的股票随时会成为市场的"黑马"，而无题材的股票则水波不兴，只能随大市沉浮。

2015 年是国企改革年，重组题材不断。图 10-5 为中国南车与中国北车合并的公告发布，随后股价连拉涨停。

类似于南北车合并的题材涉及多个领域的国企，关联的中央和地方国企及上市公司众多，合并重组题材在 2014~2015 年牛市多次上演。并且同一个题材，从释放消息到发布澄清公告、发布正式预案、发布正式公告，再到宣布正式合并……历经多轮炒作。投资者及时布局，将获得极大的收益。

对于投资者来讲，利用题材捕捉黑马股，关键的一个步骤就是判断题材的真假。在题材分析中，可以分析上市公司的各种公告和报表。但最好的方法是拿题

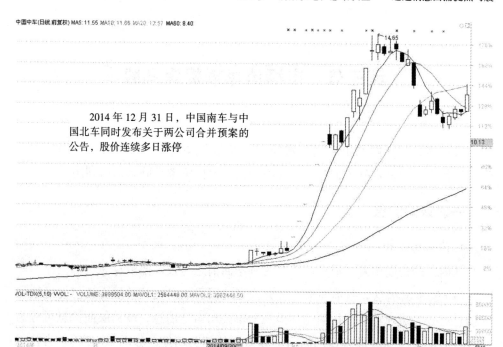

2014 年 12 月 31 日，中国南车与中国北车同时发布关于两公司合并预案的公告，股价连续多日涨停

图 10-5　中国南车与中国北车企业重组预案发布，股价连拉涨停

材来与盘面比较，看盘面是否支持该题材的存在。题材最重要的是市场的反应、题材的号召力、跟风者多不多。只要市场积极反应，跟风者云集，便能制造机会。因此，投资者可适当地利用题材，在庄家的信息战中打个漂亮的阻击战。

另外，投资者需要注意的是，上市公司的题材有些历时很长，有些则会很短，这是投资者必须分清楚的。在具体应用中，投资者要把握两个要点：第一，当前的股价是否已经反映了这个题材，如果已经有所反映，那么还会有多少上涨空间；第二，股价还没有反映，那么以后市场会不会认同这个题材。这两个问题是短线参与者永远的痛，因此可以说短线题材的可把握性是比较低的，我们历来提倡在短线交易中设立止损位也就是基于这一特点。

点金箴言

在实际操作中，没有题材的股票只能随大势而走，有了题材的股票才会突飞猛进。但题材不会从天而降，而要靠投资者去仔细分析、耐心寻找，只有找准题材，才能捕捉到黑马股。

第三节　市场消息捕捉黑马股

股市消息是伴随股市产生与发展，并能左右投资者交易行为的一门行为科学。但作为一种重要分析手段，却并不为大多数投资者正确认知与利用。

一、认识消息

1. 消息的分类

从内容的角度出发，消息可划分为基本面消息与技术面消息。

（1）基本面消息。基本面消息又分为经济层面消息与政治层面消息；经济层面消息可分为宏观经济运行消息与微观上市公司运营消息；政治层面消息可分为国内外政治情况与证券管理部门对证券市场的相关动作。如图 10-6 所示为公司运营消息。

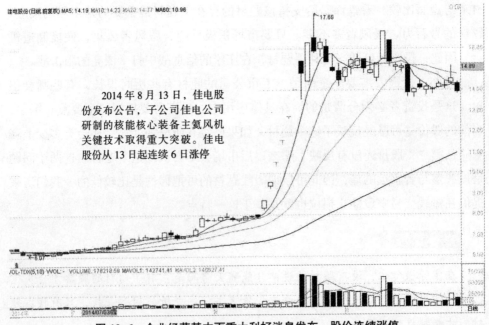

2014 年 8 月 13 日，佳电股份发布公告，子公司佳电公司研制的核能核心装备主氦风机关键技术取得重大突破。佳电股份从 13 日起连续 6 日涨停

图 10-6　企业经营基本面重大利好消息发布，股价连续涨停

（2）技术面消息。技术面消息则主要是证券分析专家利用各种技术分析手段对股市大盘指数的分析判断及机构投资者交易的相关消息。

2. 消息的来源

通常来讲，投资者能获得消息的来源主要有以下几种：

（1）从中国证券监督管理委员会指定的信息披露刊物上获取信息。因为是中国证监会指定的刊物，其信息披露要受到证监会的严格审查，且这些刊物基本上都是专业报刊，所以其刊登的股市信息一般都比较真实、可信度较高，误导投资者的成分较少。这些刊物主要有《中国证券报》、《上海证券报》、《证券时报》、《证券市场周刊》等。

（2）上市公司的招股说明书、上市公告书、各种年报、财务报表及利润表等。

（3）到股票市场进行实地观察，并收集其他股民对股市的反应、对大势的看法。股票市场的气氛，俗称人气，是股票交易情况的一面镜子，虽然它不能准确地告诉你什么消息，但是经常出入股市的人会从中得到一种直觉。

二、庄家发布的信息种类

一般情况下，庄家常用的发布消息的方式主要有以下几种：

1. 传媒舆论

单独零星的传媒声音能够逐渐吸引大众注意力，加热公众情绪，而任何事情一达到公开讨论的时候，就有形成社会舆论的趋势。在股市中，时刻都有各种声音存在，各自影响其认同的投资者；而多数市场人士意见比较一致，容易达成共识，再经过宣传、扩散，家喻户晓，最终形成市场舆论，非常容易引起共同的购买冲动，形成相同的购买行为。股票市场的舆论作为一种具有指导意义的意见，一种鼓动作用的宣传，一种无形中的强制力量，是庄家能够利用，并且经常利用的做市工具。如图10-7所示。

从实战的情形来看，无论是什么类型的庄家，总是通过传媒发布各种信息，或者善于利用传媒的公开信息，制造股票的利好利空消息，调节市场的节奏，配合做庄的活动。

2. 小道消息

在这个信息时代，小道消息几乎充斥在每个角落，不只是旁人或路人谈及，还有那些电视、报纸、专刊……小道消息四处乱窜，随时飞入耳朵，稍不注意，

它就会在你脑中钻洞，左右你的情绪和抉择，如图 10-8 所示。

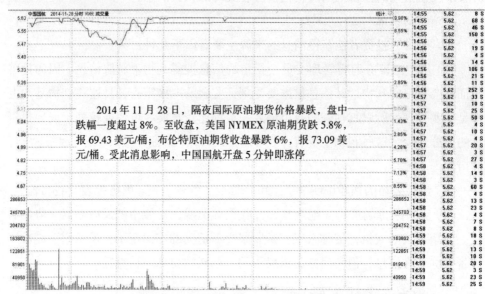

2014 年 11 月 28 日，隔夜国际原油期货价格暴跌，盘中跌幅一度超过 8%。至收盘，美国 NYMEX 原油期货跌 5.8%，报 69.43 美元/桶；布伦特原油期货收盘暴跌 6%，报 73.09 美元/桶。受此消息影响，中国国航开盘 5 分钟即涨停

图 10-7　国际原油价格暴跌的消息致大量航空股涨停

2015 年 3 月 30 日，一则并没有得到央行正面回应的消息"央行下午三点半召开新闻发布会，将重磅发布降低二套房首付比例"引爆股市，地产股直线飙升。招商地产等 10 只个股封死涨停板

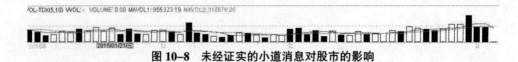

图 10-8　未经证实的小道消息对股市的影响

3. 股评机构

无数的股评、专家每天发表高见，让投资者心潮澎湃，难免做出冲动的举措。要知道，真相不可能出自知情人之口，这是投资游戏的规则。聪明的投资者会用理性判断消息的真正含义，而非不经过滤，听说会涨就追价买进，听说会跌就割肉认栽。

对市场上一般中、小散户投资者来说，由于他们先天的某些不足，听、看"股评"几乎早已经成为其每天必修的主要功课。也正是因为这样，大大小小的股评机构和股评家其实是有着广泛的市场的，部分投资者（多为初入市者）甚至把他们说出的话当成了金科玉律，深信不疑。但可惜的是，少数的股评机构和股评家因为利益的驱动，或明或暗地被庄家利用，甚至变成了庄家的喉舌和操盘活动的工具。

三、利用消息捕捉黑马股

在股市中，经常流传各式各样的消息，部分投资者由于本身的综合技术能力有限，在不能依靠自己的分析能力盈利后，便转而迷信消息。另外一部分需要安慰自己，需要给自己打气或者希望别人给自己抬轿的投资者也有传播消息的本能举动。"搏消息"成为部分投资者甚至投资大户的主要操作方式，有少数人可能会碰上些利润，但更多的投资者则必然陷入泥潭。股市的经典理论之一就是"没有白吃的晚餐"，特别是平常人能够吃到或者快频率的消息晚餐。有职业经验的投资者重视消息，但不迷信消息。

一般情况下，当股市筑底形成（筑底是机构初步吸货的部位），趋势逐渐开始向上，这个时候有利好消息刺激会形成良性循环，从而改变市场预期。而这种情况也是需要投资者重点关注的。

在牛市行情中，任何风吹草动都会让个股变得敏感，这时候，投资者应该善于发现大势向好的行业中的利空个股，这类股票一旦有利好消息介入，就将是投资者苦苦寻找的暴利消息股。

另外，利空不跌，利好不涨，这对于消息股来说实在有点不合情理，其实，这是投资者的误解。利空不跌，正是众多利好没有浮出水面的证明，这样的消息股后市定有惊喜，如果投资者留意该类股票公司层面的变化或者政策层面的变化，一定会有收获。

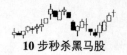
作为普通的投资者，在获得消息后，应该理性分析这些消息会对大多数投资者的交易行为产生什么影响，会产生什么后果。消息产生之前的一段时间，市场是否已经发生突变；判断出这类消息对市场影响的力度，对市场是长远影响还是短期影响；最终，再制定自己的交易策略。另外，投资者在操作中也需要注意消息的时效性。一般来讲，有时有用的消息并不一定立刻能够产生结果，要分析结果的可能产生时间，比如说庄股消息产生作用的时间应在其出现较大下跌或者放量拉升的时候，而不是在其盘整或者吸货的时候。实际上，有时某个消息只有在它有适当机会时才爆发，例如业绩大幅增长的股票可能在公布业绩前后才发生作用。

点金箴言

需要提醒投资者的是，正是因为消息对股市的作用强大，因此拥有消息的人就会想要借助消息制造陷阱，以实现其盈利的目的。上市公司谎报公司事实，要不就先放出消息吊人胃口，待目的达到之后，撤销先前消息，这则消息就变成了烟幕弹。对这类消息，投资者往往不能知其真假，甚至连是利好利空都很难判断。所以，关注这类消息的时候，投资者要关注其真实可靠的业绩报表，对其放出的烟幕弹进行过滤，理性判断它是不是想要的消息股。

第四节　热点板块捕捉黑马股

一、板块与板块的划分标准

所谓板块，是指具有相同或类似行业背景的一类股票。一般来讲，之所以要将股票分类归属，其原因有以下几点：

1. 为了统计分析上的需要

如我国沪深股市大盘分类指数将股市中的所有股票划分为工业类、商业类、地产类、综合类及公共事业类五大板块，大盘的涨跌只能提供股市的整体水平而不能提供更详细的概况。

2. 为了分析不同行业公司的需要

某类股票的涨跌离不开公司基本面的变化，而公司基本面的变化又与所属行业的发展前景密切相关，按行业来划分板块，便于大家选股，进而进行跨行业的投资组合。

3. 是市场主力刻意营造的气氛

为了吸引跟风盘聚集人气，主力通常拉抬某一类个股，并在个别品种上重点出击。所以板块亦是市场主力精心培育的产物。

对于普通投资者而言，不可能对上市的股票都一一去了解去分析。在这种情况下，倘若将注意力缩小到某一板块上，然后就该板块的个股进行较为细致的分析再决定，成功的概率要大得多。

通常情况下，板块的划分标准虽然五花八门，但基本上可归纳为两大标准，即行业特征划分标准与市场特征划分标准。按照不同的划分标准，股市中的股票可划分为不同的板块。

在中国股票市场萌芽及建立阶段，由于上市公司仅限于少数几家，基本上属于国有大型企业，所谓板块的概念还没有引起人们的注意。随着上市公司的日益增多，涉及的行业面越来越广，股市的运营越来越复杂，各种概念和题材不断涌现，中国股市的板块创新开始提速，板块的提法和分类不断推陈出新。目前，我国证券市场中的板块根据划分标准的不同，大致可以分为行业板块、地域板块、绩优板块、新股板块、重组并购板块、中小企业板块、高科技板块、网络游戏板块，等等，并且随着题材的不断发掘和制造，还会继续涌现出新的板块群落。有时，一只股票因同时具有两个或两个以上的特征而被划进多个板块，这时板块的划分就出现重叠，即同一只股票按不同的标准可归属成不同的板块。

二、板块指数

随着电子信息技术在证券市场领域应用范围的不断扩展，用于分析市场的手段和工具也层出不穷，其中板块指数就是一个非常实用的技术分析工具，对股票市场技术分析产生了深刻而重要的影响。因为板块指数的诞生，将板块的概念有效地量化，并且以指数的形式来反映板块运行的真实状态，将之运用于板块轮动的实战中，成为技术分析人士的又一有力武器。现在很多行情软件都配有板块指数，很方便进行板块指数强弱排名，这可以说是科技进步对股票市场的一大贡

献。图 10-9 为 2014 年 7 月至 2015 年 6 月建筑指数与大盘指数的对比图。

图 10-9　2014 年 7 月至 2015 年 6 月建筑指数与大盘指数的对比

1. 板块指数的基础知识

所谓板块指数，是指采取指数分析方法，将同一板块的个股按不同的权重方式生成相关指数。就板块指数而言，其计算法则如下：

（1）以基准日收盘价计算出的总市值为基准，将其等价为 1000 点。

（2）市值计算方法。

$$\frac{P_1 \times W_1 + P_2 \times W_2 + \cdots + P_n \times W_n}{n}$$

其中，n 为股票总数，P_n 为第 n 只股票的价格，W_n 为第 n 只股票的权重，可以设定为总股本、流通股或 1（相等权重）。

（3）指数＝当前市值/基准日市值×1000。

（4）当有新股参与进来的情况下，为避免新股的波动，从新股上市第 4 天起开始计算，此后计算市值需乘以下系数：加入当日原股票市值/加入当日股票总市值。

（5）除权按以下公式计算：

①送红股不影响指数；

②配股，总市值＝原市值＋配股总市值；

③分红，总市值＝原市值－分红总额。

（6）停牌按上一交易日收盘价格计算。

2. 板块指数的使用简介

在具体应用中，投资者可以根据板块指数判断哪一板块是热门板块，尤其是当板块指数可以用K线形式表示时。下面以通达信股票软件为例，详细讲述板块指数的使用方法：投资者需要编辑一个公式。在通达信股票软件中，有一个公式函数叫HORCALC多股统计。在帮助说明书中，公式函数中，横向统计下，可以看见这个公式函数的用法，如下：

HORCALC多股统计

用法：HORCALC（板块名称、数据项、计算方式、权重）

数据项：100——HIGH，101——OPEN，102——LOW，103——CLOSE，104——VOL，105——涨幅

计算方式：0——累加，1——排名次

权重：0——总股本，1——流通股本，2——等同权重，3——流通市值

例如：如果要看煤炭行业的板块指数，写成通达信板块指数K线公式：

A：＝'煤炭行业'；

IH：＝HORCALC（A，100，0，3）；

IO：＝HORCALC（A，101，0，3）；

IL：＝HORCALC（A，102，0，3）；

IC：＝HORCALC（A，103，0，3）；

DRAWKLINE（IH，IO，IL，IC）。

在编辑完公式之后，投资者按照一定的操作步骤就可以使用板块指数：

（1）找到目录这一栏，单击"功能"，在下拉菜单中点击"专家系统"，继而点击"公式管理"，投资者也可以直接键入"Ctrl+F"。

（2）打开公式管理器后，找到"技术指标公式"，点击"其他公式"，之后点击出口右上角"新建"按钮。

（3）按照上述步骤完成之后，会出现一个窗口：指标公式编辑器，将事先编

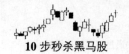

辑好的公式复制粘贴进入编辑栏，在公式名称中填写"板块指数"，然后按"确定"键。

（4）进入个股技术分析版面，在副图窗口中（就是平时看股票技术指标的窗口，不是看 K 线的主图窗口），找到菜单一栏，单击"选择指标"（ ），在弹出的窗口中，在"其他类型"中找到"板块指数"，按窗口右下角的"确定"按钮，就可以看到煤炭行业的指数了。当然，这个公式是通用的，投资者只需要将板块的名字修改，就可以查询相应的板块指数。

需要说明的是，板块指数的性质是由板块指数的定义方式决定的。在一般情况下，板块指数的定义方式主要有三种：第一，以总股本定义股本权重。大盘指数多以该方式定义，总股本越大对大盘指数的影响越大。这种方式因国家股、法人股不参与流通而不能准确地反映大盘的真实状况。第二，以流通盘定义股本。流通盘是各股实际参与股市运作的股票，比总股本具有更真实的意义。第三，以等权重定义股本。不考虑板块各股股本状况，将各板块指数的影响同等对待。

科学地选择板块指数的定义方式，对于准确地运用板块指数具有重要的意义。在使用板块指数时，应注意板块指数计算与股票价格、财务数据、除权数据均有很强的联系，这些数据的质量将影响板块指数的质量。

三、易产生黑马的板块

实践证明，较容易产生黑马的板块有以下几种：

1. 强势板块

从实战的情形来看，先于大盘见底的股票容易成为黑马股。将个股与大盘进行对比，80%的股票走势与大盘是相同的，这是同势股；10%的股票走势比大盘弱，这是弱势股；10%的股票走势比大盘强，这是强势股。强势股，一般先于大盘见底启动，这类股票往往会形成黑马股。从这一点来讲，强势板块也是比较容易出现黑马股的。图 10-10 为 2015 年 5 月 19 日的证券板块涨幅榜，证券股纷纷涨停，最低 6.66%，表现强势。

2. 炒作概念突出的板块

在股市中，概念炒作是最常见的。庄家需要时刻关注市场需求，深刻洞悉投资者心理变化，提炼成熟的炒作概念，整合所有资源，就一定会运作好概念炒作。对于投资者来讲，只有把握炒作概念突出的板块，才有可能捕捉到真正的大

	代码	名称	涨幅%	现价	涨跌	买价	卖价	总量	现量	涨速%	换手%	今开	最高	最低	昨收	市盈动	总金额	量比
1	601198	东兴证券	*10.01	33.75	3.07	33.75	—	669543	13	0.00	13.39	30.60	33.75	30.42	30.68	31.01	21.8亿	3.38
2	600958	东方证券	*10.00	33.31	3.03	33.31	—	146.1万	18	0.00	14.61	30.50	33.31	30.33	30.28	22.67	47.0亿	3.52
3	002736	国信证券	*10.00	30.35	2.76	30.35	—	109.9万	22	0.00	9.16	27.54	30.35	27.50	27.59	19.11	32.2亿	2.86
4	601688	华泰证券	*10.00	30.04	2.73	30.04	—	200.0万	131	0.00	9.57	27.31	30.04	27.36	27.31	20.87	58.8亿	3.13
5	000783	长江证券	9.99	17.83	1.62	17.83	—	245.5万	47	0.00	5.18	16.26	17.83	16.16	16.21	27.37	42.6亿	1.66
6	002673	西部证券	9.99	69.45	6.31	69.45	—	459019	2	0.00	3.99	63.15	69.45	63.00	63.14	46.78	30.8亿	2.62
7	002500	山西证券	9.98	26.22	2.38	26.22	—	110.5万	13	0.00	4.44	23.69	26.22	23.40	23.84	34.49	28.1亿	2.29
8	000686	东北证券	9.15	24.45	2.05	24.44	24.46	632250	4	-0.28	3.74	22.44	24.55	22.44	22.40	21.80	14.9亿	2.28
9	600109	国金证券	8.80	29.85	2.41	29.85	—	142.7万	256	-0.16	5.03	26.53	29.37	26.45	26.70	54.06	40.0亿	1.27
10	600837	海通证券	8.41	27.85	2.16	27.85	27.86	300.5万	460	-0.39	3.71	25.59	28.08	25.52	25.69	16.27	81.2亿	1.75
11	601555	东吴证券	8.33	26.41	2.03	26.41	26.43	594777	68	0.07	2.97	24.40	26.49	24.31	24.38	29.05	15.2亿	1.73
12	600369	西南证券	8.32	24.86	1.91	24.86	24.87	606126	123	0.24	2.61	22.82	24.86	22.80	22.95	18.17	14.6亿	2.02
13	000776	广发证券	8.09	28.07	2.10	28.07	28.08	896937	78	0.42	1.52	25.97	28.13	25.97	25.97	21.25	24.4亿	2.15
14	601788	光大证券	8.05	32.75	2.44	32.75	32.76	599211	44	-0.60	1.75	30.30	33.03	30.08	30.31	18.50	19.0亿	2.03
15	000728	国元证券	7.90	35.22	2.58	35.22	35.23	424936	35	0.37	2.16	32.50	35.22	32.50	32.64	24.12	14.4亿	1.88
16	600030	中信证券	7.78	33.39	2.41	33.38	33.39	320.7万	171	0.08	3.27	30.84	33.55	30.78	30.98	24.09	103.7亿	2.03
17	601377	XD兴业证	7.62	17.23	1.22	17.19	17.23	151.1万	223	0.11	2.91	16.01	17.28	15.99	16.01	20.87	25.3亿	1.95
18	600999	招商证券	7.54	34.81	2.44	34.81	34.82	941089	91	-0.45	2.02	31.67	35.17	31.67	32.37	16.98	31.8亿	1.93
19	000750	国海证券	7.49	19.67	1.37	19.67	19.68	700649	122	-0.15	3.47	18.25	19.79	18.25	18.30	27.31	13.4亿	2.00
20	601099	太平洋	7.39	14.97	1.14	14.97	14.98	158.0万	779	-0.06	4.80	13.94	15.04	13.90	13.94	15.00	23.9亿	1.96
21	601901	方正证券	7.16	14.82	0.99	14.81	14.82	156.8万	355	-0.13	3.21	13.94	14.85	13.75	13.83	31.43	22.6亿	2.05
22	000166	申万宏源	6.66	18.57	1.16	18.57	18.58	210.8万	478	0.37	16.49	17.39	18.60	17.36	17.41	26.87	38.1亿	2.96

图 10-10　证券板块纷纷涨停，最低 6.66%

黑马。图 10-11 为"一带一路"概念股中国铁建，因"一带一路"列入国家战略，相关个股迎来多轮炒作拉升。

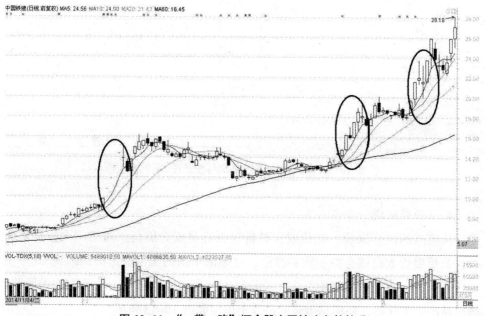

图 10-11　"一带一路"概念股中国铁建多轮拉升

3. 小盘股板块

与大盘股相反，小盘股更容易成为黑马股。小盘股盘子小，更容易拉升。同样是一亿元的资金，如果投入小盘股中，股价可以翻江倒海，大幅疯狂上涨；但

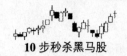

是如果投入大盘股中，可能只会激起一朵浪花，很快就会消失，影响不大。所以，投资者应对小盘股板块予以重点关注。在 2014~2015 年牛市行情中，创业板大量的小盘股连拉涨停，10 多个涨停算毛毛雨，20 多个甚至 30 多个涨停的"妖股"也频频出现，创业板被戏称为"神创"。图 10-12 为连拉 34 个涨停的神创"妖股"暴风科技的走势图。

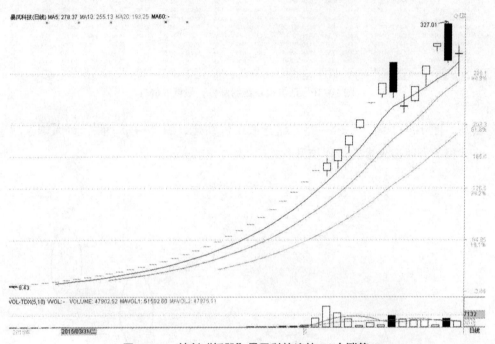

图 10-12　神创"妖股"暴风科技连拉 34 个涨停

4. 低价股板块

从实战的情形来看，低价股比高价股更容易成为黑马。对于广大投资者而言，如果股价太高就会抑制购买欲望，这是由中国的国情决定的。纵观 20 多年的 A 股市场，真正的黑马股很少在高价股中产生。相对来讲，10 元左右的股票，最容易产生黑马股，是黑马生长的最佳土壤。如图 10-13 所示。

四、板块的启动信号

一般而言，板块在启动之前，往往会出现以下信号，投资者也可以依据这几点判断板块是否已经启动：

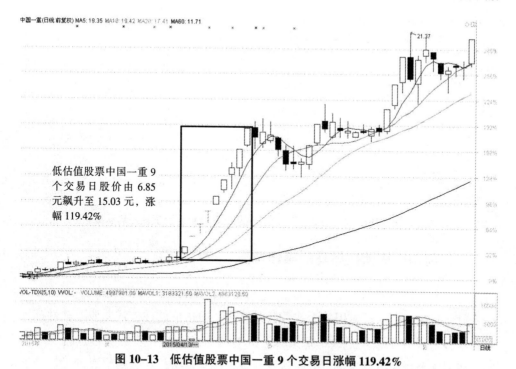

低估值股票中国一重 9 个交易日股价由 6.85 元飙升至 15.03 元，涨幅 119.42%

图 10-13 低估值股票中国一重 9 个交易日涨幅 119.42%

1. 成交量

如果在成交量中前 20 名中，某一板块的股票个数占据了 1/3 以上，并且连续一段时间都出现这样的情况，证明该板块有主力资金在活动，继续上涨的可能性极大。

2. 看涨幅榜

如果在涨幅榜前 20 名中，某一板块的个股占据了 1/3 以上时，并且连续一段时期都出现这样的情况，这就可初步断定该板块在启动了。

3. 看走势

从高价股、中价股、低价股中各选出 5~8 个有代表性的个股，从中比较它们的走势强弱，如果某一板块走势的个股数量比其他两个板块走势强的个股数量要多，那么这个板块就是要找的启动板块。图 10-14 为 2015 年 4 月 22 日的成交量榜，从中可初步判断出启动板块是券商和银行，占据成交量榜前 20 位的近一半。

	代码	名称		涨幅%	现价	涨跌	买价	卖价	总量	现量	涨速	换手%	今开	最高	最低	昨收	市盈(动)	总金额	量比
1	600030	中信证券	*	7.81	37.82	2.74	37.83	37.85	808.3万	3525	0.45	8.24	35.39	38.00	35.03	35.08	36.75	293.1亿	1.80
2	601766	中国南车	*	-4.96	30.26	-1.58	30.28	30.29	773.5万	142	-0.03	6.57	28.91	31.84	28.66	31.84	78.59	230.2亿	2.25
3	601989	中国重工	*	5.39	14.27	0.73	14.28	14.29	1466万	153	0.07	8.16	13.41	14.88	13.24	13.54	89.39	209.2亿	0.96
4	600837	海通证券	*	10.01	30.22	2.75	30.22	-	672.7万	1	0.00	8.31	27.90	30.22	27.65	27.47	37.57	194.9亿	1.90
5	601299	中国北车	*	-5.79	31.89	-1.96	31.89	31.90	580.3万	250	-0.31	5.73	30.47	33.85	30.47	33.85	71.18	182.4亿	2.12
6	601390	中国中铁	*	0.00	18.70	0.00	18.71	18.72	879.7万	482	-0.05	5.15	18.00	19.49	17.20	18.45	163.1亿	0.76
7	601318	中国平安	*	2.41	90.11	2.12	90.11	90.12	176.7万	17	0.28	3.26	88.79	90.68	88.33	87.99	20.97	157.7亿	0.82
8	601668	中国建筑	*	2.69	9.54	0.25	9.54	9.55	1431万	82	0.0	4.79	9.30	9.93	9.09	9.29	12.68	136.6亿	0.77
9	000725	京东方A	*	-0.21	4.82	-0.01	4.82	4.83	2649万	364940	-0.82	11.34	4.83	4.98	4.80	4.83	66.39	129.0亿	1.34
10	601166	兴业银行	*	4.81	20.70	0.95	20.71	20.74	483.2万	156	0.77	2.99	19.88	20.75	19.60	19.75	7.72	97.6亿	1.16
11	601988	中国银行	*	1.67	4.86	0.08	4.85	4.86	1987万	433	0.10	0.94	4.79	4.86	4.75	4.78	8.44	95.4亿	0.85
12	600795	国电电力	*	7.21	6.10	0.41	6.08	6.09	1603万	477	0.16	9.00	5.70	6.18	5.63	5.69	19.73	95.2亿	0.96
13	600010	包钢股份	*	1.14	7.07	0.08	7.07	7.08	1223万	348	0.42	7.77	7.00	7.27	6.96	6.99	1509.09	86.2亿	1.50
14	601688	华泰证券	*	8.45	32.36	2.52	32.35	32.36	272.4万	185	0.07	8.87	30.41	32.80	29.92	29.84	40.39	84.5亿	1.67
15	601186	中国铁建	*	-2.31	23.31	-0.55	23.32	23.34	358.0万	229	-0.30	3.49	23.20	24.49	21.72	23.86	25.35	83.0亿	0.69
16	600000	浦发银行	*	1.87	18.50	0.34	18.49	18.50	420.8万	128	0.16	2.82	18.30	18.55	18.08	18.16	7.34	77.1亿	0.92
17	600050	中国联通	*	-0.13	7.99	-0.01	7.99	8.00	948.1万	140	0.25	4.47	7.85	8.24	7.72	8.00	55.14	74.8亿	1.75
18	601377	兴业证券	*	7.09	18.89	1.25	18.89	18.90	411.0万	251	0.00	7.90	17.83	19.00	17.62	17.64	55.14	74.8亿	1.75
19	600958	东方证券	*	3.52	33.86	1.15	33.84	33.85	214.5万	46	-0.26	21.45	32.60	34.56	31.80	32.71	76.37	70.4亿	1.37
20	600886	国投电力	*	5.26	13.21	0.66	13.22	13.23	522.3万	54	0.15	7.70	12.70	13.49	12.53	12.55	16.02	68.0亿	1.30

图 10-14　2015 年 4 月 22 日的成交量榜显示银行券商板块是启动板块

五、利用板块捕捉黑马的操作技巧

1. 借助板块指数

目前，股市中广泛应用的大智慧股票软件、通达信软件、钱龙股票软件都针对各个板块设计了板块指数，每天都可以对两市所有的板块涨跌幅进行实时排序，利用这个功能投资者可以轻松地发现每天和某个阶段什么板块表现最好，哪些板块得到增量资金的追捧，进而发现其中所蕴含的机会。具体来讲，投资者在实际操作中可以参考以下几点：

（1）每天在盘中和盘后可以利用板块指数涨跌幅排名发现短线强势板块。每天板块指数涨幅靠前的板块一定是受到短线资金的追捧，任何一个阶段领涨板块都可以在其启动初期进入板块指数涨幅榜前列。但是，需要说明的是，这个排名是动态的，仅仅能说明当时或者当日交易的板块强弱。正是如此，进入板块指数涨幅排行榜前列是板块走强的必要条件，而不是充分条件。图 10-15 为 2015 年 6 月 30 日的板块涨幅榜。

（2）对每天收盘后板块指数都表现良好的板块进行跟踪。如果投资者发现某板块持续多日都出现在板块指数涨幅榜的前列，那么此板块显然是有规模较大的集团性资金在其中运作。从这一点来讲，该板块具备了成为阶段领涨板块的潜力，投资者可以进一步追踪。

（3）从连续走强的板块当中进一步精选领涨龙头。强势板块中的领涨龙头一定是市场的阶段明星黑马股，对于短线投资者来讲，这的确是获利的一条捷径。

板块名称	均涨幅%	权涨幅%	总成交
1 证券	9.07	9.08	895.8亿
2 央视50	7.82	6.48	1347亿
3 免疫治疗	7.81	4.90	59.1亿
4 银河99	7.73	6.87	3042亿
5 巨潮装备	7.62	6.95	1049亿
6 QFII重仓	7.62	6.19	2040亿
7 社保重仓	7.61	6.13	2067亿
8 中创100	7.56	7.13	1168亿
9 长三角	7.51	7.46	1015亿
10 基金重仓	7.51	7.41	2932亿
11 电信运营	7.49	8.45	96.8亿
12 深证成指	7.43	6.87	1171亿
13 绩优股	7.38	6.28	661.2亿
14 深证100	7.38	6.53	1867亿
15 保险	7.37	7.58	307.6亿
16 中信消费	7.36	6.38	1418亿
17 巨潮科技	7.34	7.25	1693亿
18 含可转债	7.32	6.83	254.8亿
19 文化振兴	7.32	5.82	254.5亿
20 大盘成长	7.29	6.77	1965亿
21 巨潮民营	7.25	6.45	2137亿
22 抗流感	7.15	7.24	147.5亿
23 交通设施	7.15	6.03	223.4亿
24 IPV6概念	7.14	5.95	208.3亿
25 巨潮治理	7.14	5.38	2229亿
26 深证成长	7.12	6.74	1335亿
27 家用电器	7.10	7.74	329.3亿

代码	名称	涨幅%	现价	涨跌	买价	卖价	总量	现量	涨速%	换手%	今开	最高
1 600369	西南证券	*10.02	19.65	1.79	19.65	—	856957	3	0.00	3.69	17.95	19.65
2 000783	长江证券	*10.02	13.95	1.27	13.95	—	192.6万	13628	0.07	4.06	12.74	13.95
3 002673	西部证券	*10.00	28.37	2.58	28.37	—	950860	976	0.00	4.17	26.00	28.37
4 002736	国信证券	10.00	25.09	2.28	25.09	—	942167	11099	0.07	7.85	22.82	25.09
5 601211	国泰君安	9.99	34.34	3.12	34.34	—	521.1万	80	0.00	34.17	30.68	34.34
6 600837	海通证券	9.99	21.80	1.98	21.80	—	396.6万	52	0.00	4.90	19.95	21.80
7 000686	东北证券	*9.94	19.47	1.76	19.47	19.48	788010	4936	0.00	4.66	17.73	19.48
8 601555	东吴证券	9.82	20.47	1.83	20.45	20.47	846749	354	-0.09	4.23	18.21	20.50
9 601688	华泰证券	9.72	23.13	2.05	23.14	23.15	188.2万	233	0.39	3.46	21.08	23.15
10 601901	方正证券	9.59	11.89	1.04	11.90	11.91	204.4万	458	0.08	3.35	10.82	11.91
11 601377	兴业证券	9.52	13.69	1.19	13.69	13.70	178.9万	457	0.14	3.44	12.50	13.74
12 600999	招商证券	9.47	26.46	2.29	26.46	26.47	150.8万	51	0.41	3.14	24.16	26.46
13	中信证券	9.39	26.91	2.31	26.92	26.92	472.9万	989	0.11	4.82	25.00	26.95
14 600958	东方证券	9.19	28.62	2.41	28.64	28.65	989355	279	0.24	9.89	26.20	28.65
15 601099	太平洋	9.12	12.92	1.08	12.91	12.92	204.3万	895	0.15	6.18	11.82	12.96
16 601318	东兴证券	9.08	29.91	2.49	29.91	29.92	512562	40	0.10	10.25	27.44	30.00
17 002500	山西证券	9.91	18.09	1.48	18.09	18.10	843253	8953	-0.05	3.39	16.00	18.18
18 000750	国海证券	8.04	16.89	1.25	16.79	16.80	129.7万	10006	0.29	6.46	15.52	16.90
19 601788	光大证券	8.02	26.95	2.00	26.96	26.98	932560	10	-0.03	2.73	24.88	27.38
20 000776	广发证券	7.86	22.65	1.65	22.65	22.66	127.2万	17343	0.39	2.75	20.71	22.69
21 000166	申万宏源	7.62	16.25	1.15	16.25	16.26	216.2万	16305	0.06	6.64	15.11	16.29
22 000728	国元证券	7.02	37.90	2.49	37.90	37.99	125.0万	9548	0.05	6.32	35.49	38.22
23 600109	国金证券	6.23	24.40	1.43	24.36	24.37	211.0万	88	-0.28	7.44	21.95	24.78

图 10-15　2015 年 6 月 30 日的板块涨幅榜

2. 借助板块轮动

所谓板块轮动，是板块与板块之间出现热点转换，推动大盘逐步上扬。比如地产板块率领大盘上涨，后来轮到金融了，两大板块相互转换，形成板块轮动效应。

客观来讲，股市运行情况变化的本质原因虽然是由于国家经济形势的总体概况，但市场走势也需要领涨板块的带领和推动。另外，每个板块都有独立表现的机会，都有其独特的行业、市场或区域背景，当板块投资背景发生变化时，往往会成为市场投资的热点，受到投资者的热烈追捧。同时，在各个板块内部的不同上市公司之间也存在着较为明显的联动效应，板块行情通常由某些龙头企业率先发起，进而引领板块内其他企业相继跟随，最终演变成整个板块的集体走强形势。因此，可以说板块轮动已经成为股市运行的一个基本规律。

从实战的情形来看，在动态行情的分析过程中，关注板块的轮动变化是非常重要的。在每一轮行情中，强势板块和热点板块都会不断出现，而通过对动态行情发展变化的追踪和分析，在某些重要时刻能够发现率先启动或突破的板块行情。比如大盘运行至重要突破口，一定有一些强势板块率先发起涨势；而在下跌行情中，这些板块又表现得非常抗跌。这些板块就是我们所要关注的重点内容。图 10-16 为建筑指数、电力指数、有色指数与上证指数的对比图，从图 10-16 中

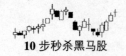

可以看出，各个板块的表现差异显著，各板块的启动有明显的先后次序，表现出极强的轮动特征。

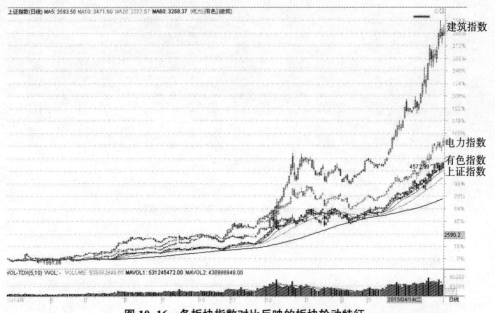

图 10-16　各板块指数对比反映的板块轮动特征

（1）关注板块轮动持续的时间。在关注板块轮动时，要认真分析联动的内在因素，如果题材比较重要，则联动的力度会较大，投资者就容易捕捉机会。一般情况下，板块轮动时，一些温和走强的板块持续的时间长，而一些突然启动的板块则持续的时间短。图 10-17 为大盘指数与券商指数的对比图，证券板块数度跑赢大盘，特别是 2014 年 11 月 21 日至 12 月 8 日的拉升。持续时间久，拉升力度大。

（2）关注板块轮动上涨的力度。通常来讲，板块轮动上涨的力度有基本面因素和市场因素两种，有时板块轮动是因基本面变化而形成的；有时板块轮动并不需要基本面的配合，仅仅只是市场行为。一般而言，市值较小的板块炒作的力度较大，而市值较大的板块炒作力度较小。图 10-18 为农业板块与大盘指数的对比图，农业板块大部分时间不温不火，与大盘同向而行。农业板块是板块轮动原理中股市调整的风向标，当农业板块大幅拉升后，股市进入局部调整。

图 10-17　大盘指数与券商指数的对比

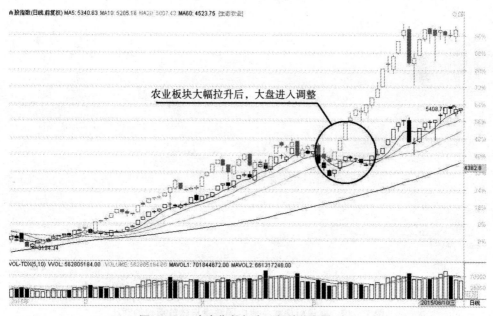

图 10-18　大盘指数与农业板块指数的对比

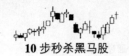

需要提醒投资者的是，利用板块轮动捕捉黑马股，一定要把握市场的时间差，要做好提前介入的准备。而且，对轮动性并不明显的板块要放弃，对轮动性太大的板块也要放弃，对轮动性完全市场化的板块更要放弃，选择那些突发性的、题材性的轮动板块果断介入。

3. 关注龙头股

当一只或几只股票上涨时，能同时带动同一板块或有同一概念、相邻概念的股票跟着上涨，假如其回调，也导致板块其他股票跟着回落，它能通过对板块的影响而间接影响大盘指数的涨跌，从而形成板块效应或热点效应，那么初步或基本可以判定该股或这几只股是领涨的股票，也就是龙头或热点中的焦点股票。在每轮牛市行情中，领涨龙头股一飞冲天，天马行空的走势总是令众多投资者热血沸腾。正是因为这样，所以投资者在选择股票的时候，要多多关注龙头股。图10-19 为建筑板块龙头股中国铁建与建筑指数的对比图，中国铁建数度跑赢建筑板块，成为引领者。

图 10-19　建筑板块龙头股中国铁建与建筑指数的对比

事实上，除了要熟悉热点板块与龙头股之外，投资者还需要对正处于拉升期的股票和板块予以关注，因为这很有可能是孕育黑马股的摇篮。

4. 了解板块尖兵

在每天的板块运动过程中，三分钟是一个适度的节拍，以三分钟为时间间隔，统计一系列涨幅较好的板块，可以给我们捕捉短线提供依据；如果某些股票连续几日出现在三分钟涨幅榜上，甚至在当日涨幅榜中居前，那我们就更应该关注该股的走势。

点金箴言

需要指出的是，投资者也需要对板块的衰落信号予以了解：第一，看成交量。如果在成交量前20名，某一板块的个股已不足总数的1/4，并且出现递减的趋势，可证明该板块即将进入整理状态。第二，看上升空间。一般来说，主力从建仓到派发，至少要有50%的上升空间，如果在一个级别较大的多头行情中，某一板块启动后，涨幅不足50%，可视为风险投资区；涨幅在50%~80%之间可视为风险投资区；涨幅超过80%，可视为高风险投资区，当某一板块股价进入风险投资区、高风险投资区时，就要警惕该板块上升动力已经不足，如果出现滞涨就应该意识到该板块已经涨到位了。第三，看涨幅。如果在涨幅榜前20名中，某一板块的个股已不足总数的1/4，并且呈现递减的趋势，这时就要警惕该板块上涨空间已经很少，或者已经涨到位了。

参考文献

［1］英姿. 看图谱捕捉短线黑马 ［M］. 武汉：华中科技大学出版社，2012.

［2］韩永生. 黑马股走势规律与操盘技巧 ［M］. 沈阳：万卷出版公司，2010.

［3］王直. 捕捉黑马股的 10 招特技 ［M］. 北京：企业管理出版社，2011.

［4］阿文. 巧捕黑马：新股民选股技巧 ［M］. 北京：经济管理出版社，2007.

［5］王宁. 猎杀黑马 ［M］. 北京：机械工业出版社，2010.

［6］林东颖. 我的股票我做主：捕捉黑马股的 5 招特技 ［M］. 上海：上海财经大学出版社，2010.

［7］徐子城. 盘口点金　在 K 线变幻中玩转黑马股 ［M］. 上海：上海财经大学出版社，2009.

［8］赵信. 筹码分布——准确提示买卖点（彩图实战版）［M］. 广州：广东经济出版社，2012.

［9］刘炟鑫. 一线牵牛股——精确狙击买卖点 ［M］. 成都：四川人民出版社，2013.

［10］范江京. 实战买卖点（实战精华版）［M］. 北京：机械工业出版社，2015.

［11］黄俊杰. 突破为王——五根 K 线锁定买卖点 ［M］. 北京：中国电力出版社，2015.

［12］宁俊明. 与庄神通——股票交易中的精准买卖点 ［M］. 成都：四川人民出版社，2014.

［13］尼尉圻. 解码股市——赢在买卖点 ［M］. 北京：中国纺织出版社，2014.

［14］崔慧勇. 找准买卖点——股票最佳买卖点实战大全 ［M］. 北京：中国电

力出版社，2013.

[15] 冯矿伟. 双龙战法——盘口精确买卖点 [M]. 北京：地震出版社，2013.

[16] 恒盛杰资讯. 决胜买卖点 1 分钟秘笈 [M]. 北京：电子工业出版社，2012.

[17] 操盘圣手. K 线买卖点大全 [M]. 北京：中国经济出版社，2012.

[18] 朱树健. K 线形态买卖点大全 [M]. 北京：化学工业出版社，2012.

[19] 蒋幸霖. 散户必知的 200 个买卖点 [M]. 北京：清华大学出版社，2012.

[20] 老牛. 选股与买卖点技法大全集 [M]. 北京：人民邮电出版社，2012.

[21] 李群. 用技术指标决定买卖点（个股实战版）[M]. 武汉：长江文艺出版社，2012.

[22] 李郑伟. 短线操盘买卖点大全 [M]. 北京：化学工业出版社，2012.

[23] 张永生. 买卖点实战图解 [M]. 北京：电子工业出版社，2012.

[24] 龚梵煜. K 线 + 形态 = 买卖点 – 如何运用 K 线技术在股市中盈利 [M]. 北京：地震出版社，2012.

[25] 曹千阳. 精准判断买卖点——炒股就这一招 [M]. 北京：宇航出版社，2012.

[26] 陈明贤. 股怎么炒（提高篇）——这样炒股马上赚钱 [M]. 广州：广东经济出版社，2014.

[27] 谢宏章. 炒股对策决定成败 [M]. 北京：经济管理出版社，2014.

[28] 付刚. 追涨就这几招——炒股必赚的 48 个追涨术 [M]. 北京：机械工业出版社，2014.

[29] 李战难. 跟史玉柱学炒股 [M]. 北京：经济管理出版社，2014.

[30] 朗德里. 给门外汉看的炒股书 [M]. 北京：民主与建设出版社，2014.

[31] 韩雷. 从零开始学趋势 [M]. 北京：经济管理出版社，2014.

[32] 吴雪. 网上炒股做赢家——大智慧 7.0 实战指南（附光盘）[M]. 北京：人民邮电出版社，2014.

[33] 韩雷. 看均线学炒股 [M]. 北京：中国电力出版社，2013.

[34] 李凤雷. 趋势追踪 [M]. 北京：经济管理出版社，2013.

[35] 肖晓. 每天 10 分钟学点短线赚钱术 [M]. 北京：中国铁道出版社，2013.

[36] 宋志强. 期货超短线交易培训手记 [M]. 北京：地震出版社，2013.

[37] 大愚和尚. 短线炒股 100 招 [M]. 北京：电子工业出版社，2012.

[38] 大猎神. 新手短线必杀技 [M]. 北京：化学工业出版社，2012.

[39] 康成福. 盘面解析就这几招 [M]. 上海：立信会计出版社，2010.

[40] 陈新亮. 看盘就是这么简单 [M]. 北京：科学出版社，2010.

[41] 刘元吉. 看盘高手实战精要 [M]. 北京：机械工业出版社，2010.

[42] 钱刚. 看盘细节：股价走势分析 [M]. 北京：企业管理出版社，2009.

[43] 范江京. 实战看盘 [M]. 北京：中国宇航出版社，2009.

[44] 尼尉圻，蒋军军. 跟着赢家学赚钱——股市淘金必知的量价关系 [M]. 北京：电子工业出版社，2011.

[45] 刘元吉. 量价细节：全新的量价实战技法 [M]. 北京：中国纺织出版社，2011.

[46] 杨磊. 量价分析——从入门到精通 [M]. 北京：机械工业出版社，2011.

[47] 康凯彬. 量价实战分析快速入门 [M]. 北京：中国纺织出版社，2011.

[48] 康成福. 价量分析就这几招 [M]. 上海：立信会计出版社，2010.

[49] 韩雷. 价量入门两星期 [M]. 广东：广东经济出版社，2010.

[50] 吴国平. 量能与均线 [M]. 北京：中信出版社，2011.

[51] 智成. 均线操盘稳赚钱 [M]. 北京：中信出版社，2011.

[52] 周家勋. 均线之歌：股市均线技术 [M]. 北京：中国科学技术出版社，2009.

[53] 郝鸿雁. 从零开始学 K 线 [M]. 北京：中信出版社，2011.

[54] 宋建文. K 线其实很简单 [M]. 北京：中信出版社，2011.

[55] 邱太钦. K 线技术实战精髓 [M]. 北京：地震出版社，2008.

[56] 智君. K 线图精解与实战应用技巧 [M]. 海口：海南出版社，2007.

[57] 张永彬. K 线精讲——从入门到精通 [M]. 北京：中国劳动社会保障出版社，2010.

[58] 吴行达. 短线为王之五——解读 K 线玄机 [M]. 北京：经济管理出版社，2010.

［59］时空老人.顺势而为：道氏理论趋势指标交易系统 ［M］.北京：中国宇航出版社，2011.

［60］刘文杰.在波段中赚钱：股市趋势交易的技巧 ［M］.北京：中国铁道出版社，2011.

［61］戈岩.一把直尺闯天下 ［M］.北京：地震出版社，2011.

［62］刘元吉.炒股必知的 36 个技术指标 ［M］.北京：中华工商联合出版社，2010.

［63］韩志铭.跟赢家学看盘——透过技术指标把握股市规律 ［M］.北京：电子工业出版社，2010.

［64］周家勋.指标大全股市技术手册 ［M］.北京：中国科学技术出版社，2009.

［65］尹宏.最经典的股市 10 大技术指标解 ［M］.北京：中国经济出版社，2009.